JN410730

깜놀 동물일화 99

글·그림 **퍼시 J. 빌링허스트** 공동 번역 **박동욱 · 김금순**

깜놀 동물일화 99

초판인쇄 2011년 7월 12일
초판발행 2011년 7월 20일

글 · 그림_ 퍼시 J. 빌링허스트
공동 변역_ 박동욱 · 김금순
디자인_ 이현자
발행인_ 김현길
발행처_ 도서출판 문파랑

등　록_ 제313-2006-000253호
주　소_ 서울시 마포구 망원동 435-42 라이져B/D 2F
전　화_ (02) 3142-3827
팩　스_ (02) 323-5790
E-mail_aveva@naver.com
twitter.com/munparang

값 10,000원

ISBN 978-89-94575-11-7 03840

글·그림 **퍼시 J. 빌링허스트** 공동 번역 **박동욱 · 김금순**

도서출판 문파랑 文波浪

목차

만약 황소와 말, 그리고 사자에게 손이 있어 그 손으로 그림을 그릴 수 있고, 사람들처럼 예술 작품을 만들 수 있다면, 말은 그 자신과 닮도록 신의 모습을 그리고, 황소는 자기 모습과 비슷하게 신을 그려냈을 것이다. 또 그들 자신의 몸과 똑같은 형태로 신의 몸을 만들어냈으리라.

크세노파네스

양심의 가책

어떤 복수심에서 코끼리가 제 주인인 몰이꾼을 죽였다. 이 끔찍한 광경을 몰이꾼 아내가 목격하게 되었다. 아내는 제 두 아이를 데려와서는, 광분해 있는 짐승의 발 앞에 내동댕이치며 이렇게 말했다.

"네 놈이 우리 남편을 죽였으니, 나도 죽이고 우리 아이들 목숨도 가져가거라."

그러자 곧 코끼리는 멈칫했고, 한풀 기세가 꺾여 누그러졌다. 또 마치 양심의 가책을 느껴서 그러는 것처럼 큰애를 코로 들어 올려 제 목에 앉혀 놓았다. 그리고는 그 아이를 제 몰이꾼으로 삼았다. 나중엔 그 아이 말고는 아무도 자기 등에 태우려 하지 않았다.

2

뉴펀들랜드개

뉴펀들랜드 섬의 하버그레이스에 사는 어느 치안 판사에겐 늙은 개 한 마리— 그 섬의 특산종으로, 발가락 사이에 살이 많아 흔히들 물갈퀴 발로 부르는 고유 특징이 있다— 가 있었다. 그런데 이 개한테는 밤에 제 주인보다 앞장서서 랜턴 불을 밝히고 다니는 버릇이 있었다. 개는 아주 빈틈없는 하인이 하듯이 늘 한결같았다. 주인이 걸음을 멈추면 개는 곧바로 멈춰 섰고, 또 주인이 걸을 눈치면 개는 다시 앞서 나아갔다.

어쩌다가 주인이 집에 안 돌아오면,

"가서 모셔 오렴."

이 말이 떨어지기가 무섭게 개는 랜턴을 입에 문 채, 집에서 일이 킬로미터쯤 더 떨어진 시내 쪽으로 곧장 떠났다.

개는 주인이 즐겨 들렀던 곳을 집집마다 찾아가서는, 그 집 앞에 랜턴을 내려놓고, 문을 두들기고 짖어대면서 문이 열릴 때까지 내키는 대로 야단법석을 떨었다. 만약 주인이 그곳에 없으면, 주인을 찾을 때까지 그 같은 일을 몇 번이고 되풀이했다. 주인과 함께 딱 한 번 들렀던 집일지라도, 그것은 개가 찾아가기엔 충분한 이유가 되었다.

3

학습

로마의 한 이발사가 까치 한 마리를 길렀다. 그런데 이 까치는 자기가 들었던 거의 모든 소리를 완벽하게 흉내 낼 수 있었다. 하루는 그 이발소 앞에서 트럼펫 소리가 울려 퍼졌다. 이런 일이 있고 나서 까치는 하루 이틀 동안 아주 벙어리로 지냈고, 슬픔에 잠긴 듯 침울하게 보였다. 이 까치를 아는 사람들은 이 새의 침묵에 몹시 어리둥절했다. 어쩌면 느닷없는 트럼펫 소리에 너무나 깜짝 놀라서 목청과 청력을 한꺼번에 잃어버렸다고 여겼다. 하지만 이 생각은 헛다리를 짚은 것으로 곧 밝혀졌다. 이 까치는 종일토록 깊은 생각에 빠져서 어떻게 하면 트럼펫 소리를

따라할 수 있을까 고심했던 것이다. 마침내 그 방법을 터득한 까치는 갑자기 긴 침묵을 깨며 다들 놀라게 했다. 까치는 반복해야 할 부분은 반복하고 멈춰야 할 곳은 멈추며, 그 모든 변화를 정확히 지키면서 자기가 들었던 화려한 트럼펫 소리를 완벽하게 흉내 냈다. 하지만 이 트럼펫 소리를 획득하느라 남아 있던 지력을 모조리 다 써버려서 그전에 익혔던 소리들은 죄다 잊어 먹어버렸다.

4

진짜 친구

어느 정원사가 쓰레기를 치우다가, 무게가 족히 3킬로그램은 나갈 듯한 예사롭지 않은 크기의 두꺼비 두 마리를 발견했다. 놀랍게도 한 마리가 다른 두꺼비 등에 올라탄 채로, 둘이서 느릿느릿 은신처로 기고 있었다. 정원사가 찬찬히 훑어보니 등에 업힌 놈은 심한 상처— 자기가 했던 삽질 탓에— 를 입어서, 친구의 도움 없이는 달아날 수 없었던 것이다.

5

거짓 경보

수년 전 케이프타운 성에서 복무하던 한 군인이 무료함을 달래기 위해 비비를 한 마리 키웠다. 어느 날 저녁 비비는 군인이 알아채지 못하게 족쇄를 풀었다. 그리고 밤이 되자 종탑으로 기어 올라가, 종을 가지고 놀기 시작했다. 그러다가 그만 종을 울려댔다. 곧바로 성 전체가 소란에 빠졌다. 그것은 큰 위험의 신호로 받아들여졌다. 많은 사람들은 성에 화재가 났다고 생각했다. 다른 사람들은 적군이 테이블만灣에 침입했다고 여겼다. 또 실제로 군인들이 동원되기도 했다. 하지만 결국 이 소동이 비비한테서 비롯됐음이 밝혀졌다. 이튿날 아침 군법회의가 열렸다. 케이프타운의 판사는 비비가 쓸데없이 성을 느닷없는 공포로 몰아넣은 죄로, 그 주인을 채찍 오십 대의 태형에 처하도록 명령했다.

6

영리한 곰

그린란드 포경선 선장이 가죽에 상처를 입히지 않고 곰을 잡고 싶어했다. 그래서 밧줄 올가미를 눈 속에 묻어두는 계책을 짜내어, 그 안에 고깃덩이를 하나 놓아두었나. 이윽고 근처 빙판을 돌아다니던 곰 한 마리가 구미를 당기는 맛있는 냄새에 이끌려 그곳으로 오게 됐다. 곰이 미끼를 알아보고, 가까이 다가가서, 덥석 한입에 물면, 바로 그때 밧줄이 곰의 발을 확 잡아당겨 올가미에 걸리도록 만들었다. 하지만 곰은 앞발로 그 미끼를 멀리 쳐내고는, 조심스레 뒤로 물러났다. 그리고 멀찌감치 떨어진 곳에서

고깃덩이를 먹은 뒤에 되돌아갔다. 그 올가미에 고깃덩이가 새로 또 하나 놓였고, 이번에 곰은 밧줄을 옆으로 밀어둔 채, 다시 노획물을 챙겨서 의기양양하게 떠나갔다. 세 번째 올가미를 놓았다. 곰의 행동을 주의 깊게 관찰한 선원들은 신중을 기해, 눈 밑에 밧줄을 파묻고는 그 한가운데 깊은 구멍을 파서 미끼를 놓아두었다. 그 곰이 한 번 더 다가왔고, 선원들은 성공을 자신했다. 하지만 곰은 그들의 생각보다 훨씬 영리했다. 몇 분간 그 장소 주변을 냄새 맡고 나서, 앞발로 눈을 파헤친 다음 밧줄을 던져버렸다. 그리고 또 무사히 자신의 전리품을 가지고 달아났다.

7

쥐 잡는 닭

예전에 어떤 남자에게 암탉이 한 마리 있었는데, 그 암탉은 쥐 잡는 고양이와 다름없는 구실을 했다. 암탉은 항상 곡초 더미를 물샐틈없이 살피고 있다가, 쥐가 나타나자마자 부리로 낚아챘다. 그리고 근처 풀밭으로 가져가서는, 마치 팔팔한 어린 고양이처럼 얼마간 쥐를 가지고 논 다음 죽였다. 이런 식으로 암탉은 하루에 네댓 마리 쥐를 잡았다고 한다.

'SALVE, CÆSAR VICTOR IMPERATOR!'

8

확실한 계책

아우구스투스 카이사르와 마르쿠스 안토니우스가 전쟁을 벌이는 동안, 과연 행운의 여신은 어느 편으로 기울까 하고 사람들은 모두 반신반의하며 궁금해했다. 그때 로마에 사는 한 가난뱅이가 그 어떤 경우이든 자신의 출세를 준비하기 위한 요량으로 다음과 같은 교묘한 방법을 썼다. 그는 두 마리의 까마귀를 가지고 하나는 카이사르에게, 다른 하나는 안토니우스한테 또박또박한 발음으로 인사하는 법을 열심히 훈련시켰다. 이윽고 아우구스투스가 승리하여 돌아오자, 가난뱅이는 이 상황에 들어맞는 까마귀를

손에 얹고 황제를 마중하러 나갔다. 까마귀는 가끔씩 줄기차게

"문안드립니다, 승리자 카이사르 황제시여!"

"정복자 카이사르 황제 폐하 만세!"

하고 외쳐댔다.

아우구스투스는 그저 신기하기만 한 이 우발 사건에서 무척 감동받고 기뻐했다. 그래서 바로 그 까마귀를 샀는데, 가난뱅이를 당장 벼락부자로 만들 만큼 큰돈을 치러주었다.

9

음악의 힘

어느 일요일 저녁, 성가대원 소년 다섯 명이 강둑을 따라 걷고 있었다. 얼마쯤 걷다가 지쳤을 때, 소년들은 풀밭 위에 앉았다. 그리고 찬송가 한 곡을 부르기 시작했다. 소년들이 앉아 있는 들판의 한쪽 끝자락은 숲과 경계를 이루고 있었다. 그런데 소년들이 노래를 부르자 거기에서 산토끼 한 마리가 나타나 아주 순식간에 그들 쪽으로 달려왔다. 그러더니 소년들과 한 이십 미터쯤 떨어진 거리에서 멈춰 섰다. 토끼는 노래의 화음을 무척 좋아하는 듯싶었다. 더욱 잘 들으려고 이따금 고개를 돌리기도 했다. 이윽고 그 조화로운 소리는 끝났다. 그러자 산토끼는 느릿느릿

'SVCH · POWER
SWEET·MVSIC·HATH'

숲으로 되돌아갔다. 산토끼가 들판 끝자락에 거의 다다랐을 때, 성가대원 소년들은 같은 곡을 다시 부르기 시작했다. 곧 산토끼는 멈추고 돌아서더니, 이전과 똑같이 떨어진 거리로 잽싸게 돌아왔다. 그리고는 환희와 기쁨에 차서 듣고 있는 듯했다. 소년들이 찬송가를 끝마치자, 산토끼는 다시 느릿느릿 들판을 걸어가더니, 숲으로 들어갔다.

10

대화하는 앵무새

네덜란드 출신의 모리스 왕자가 브라질을 식민 통치하던 시절에 있었던 일이었다. 왕자는 수많은 일상적인 질문에 마치 이성적인 창조물처럼 대꾸하는 것으로 아주 유명한, 어느 늙은 앵무새에 대한 소문을 들었다. 그 새는 대단히 먼 곳에 있었지만, 왕자는 그 앵무새 이야기를 하도 많이 들은 탓에 호기심이 치밀어 올라 앵무새를 데려오라고 명령을 내렸다.

이윽고 네덜란드 사람 몇 사람과 함께 왕자가 있는 방으로 앵무새가 안내되었다. 그러자 그 앵무새는 곧바로 브라질말로 이렇게 소리쳤다.

"웬 백인들이 여기 있지!"

네덜란드 사람들이 왕자를 가리키며 앵무새에게 물었다.

"저 분이 누구지?"

"장군이나 뭐 그런 사람쯤." 앵무새가 대답했다.

시종들이 그 새를 왕자에게 가져가자, 앵무새가 하는 말을 못 알아듣는 왕자는 통역관을 시켜 물었다.

"너는 어디서 왔느냐?"

"마리냥에서." 앵무새가 대꾸했다.

"네 주인은 누구지?" 왕자가 물었다.

"포르투갈 사람." 앵무새가 말했다.

그가 또 물었다.

"거기서 넌 무슨 일을 하느냐?"

"닭들을 돌봐." 앵무새가 대답했다.

왕자는 웃으며 소리쳤다.

"네가 닭들을 돌본다구!"

"응, 그래. 난 닭 돌보는 법을 잘 안다구."

어미 닭이 병아리들을 불러 모을 때 내는 꼬꼬소리를 흉내 내며 앵무새가 대답했다.

왕자는 자기가 못 알아듣는 언어로 앵무새가 말을 해도 속을 염려가 없었다. 왜냐하면 그 방 안에는 브라질 말을 하는 네덜란드인과 네덜란드어를 하는 브라질 사람 둘 다 있었기 때문이다. 왕자는 그 둘에게 각각 따로 은밀히 물었고, 두 사람 모두 앵무새가 한 말에 대한 설명이 정확히 일치했다.

11

흉내쟁이

예전에 한 신부가 오랑우탄을 길렀다. 오랑우탄은 신부를 무척 좋아해서 그가 가는 곳은 어디든 늘 따라다니고 싶어했다. 신부는 교회 예배를 집전할 때마다 방 안에 오랑우탄을 가둬놓아야 했다. 그런데 한번은 오랑우탄이 방을 탈출하여, 신부 뒤를 쫓아 예배당 안으로 들어갔다. 오랑우탄은 설교단 위쪽 반향판으로 살금살금 기어 올라가서 설교가 시작될 때까지 얌전히 잠자코 있었다. 이윽고 반향판 가장자리로 옮겨간 오랑우탄은 설교하는 신부를 굽어보며 그의 몸짓을 하나하나 몹시 괴상망측한 동작으로 따라하는 시늉을 했다. 그러자 교회의 신도들이 다들 웃음을 참지 못하고 터트렸다. 느닷없는 소란에 놀라고 당황한 신부는 이 못마땅한 청중의 태도를 심하게 꾸짖었다. 하지만 꾸지람도 전혀 효과가 없었다. 신도들은 줄곧 웃어댔다. 신부는 열이 있는 대로 올라서 두 배나 크게, 고함을 지르고 몸동작을 취했다. 또 이러한 모습들을 오랑우탄은 똑같이 흉내 냈고 신도들은 더는 웃음을 억누르지 못한 채 마구 웃어댔다. 마침내 신부의 한 친구가 그 곁으로 다가가서, 이 어처구니없는 사태가 일어나게 만든 장본인을 손으로 가리켰다. 오랑우탄의 장난스런 행동 탓에 자신의 위엄을 겨우 유지하기도 힘들게 되자, 신부는 교회 하인들에게 오랑우탄을 데리고 나가도록 시켰다.

암탉의 영웅적 행위

아일랜드의 어느 존경받는 여관주인 집에서 꽤 진기한 종류의 싸움이 벌어졌다. 그 싸움판의 두 당사자는 투계용 암탉과 중간 크기의 쥐였다. 많은 새끼들 중에서 유일하게 살아남은 병아리를 데리고서 암탉은 널찍한 마당을 여기저기 쏘다녔다. 그런데 그때, 탐욕스럽고 비열한 쥐가 암탉의 두말할 필요도 없는 단 하나의 피붙이를 별안간 공격했다. 그러자 암탉은 격분했다. 가장 사랑하는 제 새끼가 적한테 잡혀 끌려가면서 비명을 내질렀다. 그 소리는 암탉의 애정 깊은 가슴에 온갖 모성애를 불러일으켰다. 암탉은 비명이 나는 궁지 쪽으로 푸드덕 날아올라, 숨어

있던 적의 목덜미를 낚아챘다. 그리고 이리 흔들고 저리 뒤집으면서 마당을 돌아다녔다. 또 쥐의 눈알을 하나 뽑았으며, 발톱과 부리의 연속 공격으로 적을 완전히 지쳐 떨어지게 만들었다. 싸움은 12분 동안이나 이어졌고, 마침내 불의의 침략자 그 목숨에 종지부를 찍었다. 암탉은 몹시 흥분했지만 승리감에 젖어, 바들바들 떠는 제 새끼를 향해 재빨리 돌아섰다. 그리고 자신의 의기양양한 가슴에 병아리를 안았다.

13

고양이와 까마귀

어떤 신사의 정원에 나무가 몇 그루 심어져 있었다. 그런데 그 한 나무에 까마귀 한 쌍이 둥지를 틀었다. 신사는 아침 산책길에서 간혹 가다 이 한 쌍의 까마귀와 고양이 한 마리가 서로 심하게 다투는 모습을 보고 즐거움을 얻곤 했다. 어느 날 아침, 싸움이 여느 때보다 훨씬 사납게 치열했는데, 마침내 고양이가 울타리 밑으로 숨어들고 말았다. 고양이는 제 집으로 도망칠 더 좋은 기회를 엿보는 듯했다. 까마귀들은 위협하는 소리를 잠깐씩 되풀이해서 냈지만, 땅에선 이렇게 으름장을 놓는 것 말고 달리 할 수 있는 일이란 없다는 사실을 깨달았다. 이윽고 그중 한 마리가 정원 복판에서 돌멩이를 하나 집어 날아올랐다. 그러더니 울타리 쪽에 있는 나무로 가 앉았다. 그리고 제 새끼의 원수인 고양이의 동태를 감시했다. 고양이가 울타리 밑을 따라 기어가자, 그 까마귀는 고양이를 쫓아 이 나뭇가지에서 저 나뭇가지로, 이 나무에서 저 나무로 옮겨갔다. 드디어 고양이가 과감히 은신처에서 떠날 때, 까마귀는 나무에서 날아올라 하늘로 고양이를 따라다녔다. 그러다가 높은 공중에서 고양이 등을 겨누고 돌멩이를 떨어뜨렸다.

14

자식의 도리

다음은 승선乘船 의사의 한 조수가 들려준 이야기다. 어느 날 저녁 그는 잠들지 않고 드러누워 있는데 자신의 층層침대로 쥐 한 마리가 들어가는 모습이 보였다고 한다. 그러더니 쥐는 그곳을 꼼꼼히 살피고 나서 조심스레 살금살금 되돌아갔다. 얼마 안 있어 쥐는 또 다른 쥐 한 마리를 이끌고 나타나더니, 그들이 나왔던 쥐구멍에서 얼마 안 떨어진 곳에 그놈을 남겨놓았다. 곧 세 번째 쥐가 이 친절한 안내자와 합류하더니만, 둘이서 방을 이곳저곳 뒤지고 다니면서 비스킷 부스러기들을 있는 대로 입에 물어다가 그 두 번째 쥐한테로 가져갔다. 이 두 번째 쥐는 눈이

먼 듯했는데, 뒤에 남겨둔 자리에 그대로 있으면서 충직한 부양자들— 이 이야기를 들려준 조수의 추측으로는 눈먼 쥐의 자식들— 이 선실 바닥의 더욱더 먼 곳에서 구해온 음식을 갉아먹었다고 한다.

저녁식사를 알리는 종

어떤 큰 하숙집에서 저녁식사 시간을 종을 쳐서 알리곤 했다. 이 하숙집에 사는 고양이는 언제나 종소리를 들으면 음식을 먹으러 두말할 것 없이 서둘러 식당으로 갔다. 그러던 어느 날 고양이가 방 안에 갇히고 말았다. 종소리가 울렸어도 고양이에겐 헛일이었다. 몇 시간이 지나 감금 상태에서 풀려나자 고양이는 부리나케 식당으로 갔다. 하지만 먹을 거라곤 아무것도 남아 있지 않았다. 낙담한 고양이는 종 있는 곳으로 갔다. 그리하여 두 번째 저녁식사에 참석할 생각으로 종을 울리면서, 가족들을 불러 모으려고 애썼다.

16

영리한 방해꾼

한 여자가 새를 한 마리 길렀는데, 그녀에겐 날마다 이 새를 새장 밖으로 내놓는 버릇이 있었다. 어느 날 아침 새는 카펫에서 흘려져 있는 빵부스러기를 쪼아 먹고 있었다. 그런데 집고양이가 불쑥 새를 낚아채서 입에 물고는 테이블 위로 뛰어올랐다. 평소에 집고양이는 그 새한테 무척 상냥했는데도 말이다. 여자는 자기가 애지중지하는 새의 운명이 몹시 걱정되었다. 하지만 뒤를 돌아보고 곧 그 까닭을 알게 되었다. 문은 열린 채로 있었고, 낯선 고양이 한 마리가 막 방 안으로 들어오려 하고 있었다! 그 낯선 고양이를 밖으로 쫓아내자 집고양이는 안전한 장소에서 내려왔고, 작은 상처도 하나 없이 새를 뱉어놓았다.

17

기묘한 형제애

메클렌부르크*를 여행하는 한 남자는 자기가 묵었던 여인숙에서 다음과 같은 신기한 광경을 목격하게 되었다. 저녁식사를 마친 뒤, 여인숙 주인은 마룻바닥에 넓은 접시를 갖다놓고 휘파람소리를 크게 냈다. 그러자 곧바로 마스티프종 개와 멋진 앙고라 고양이, 늙은 까마귀, 또 목에 방울을 단 아주 커다란 쥐가 방으로 들어왔다. 이 네 마리의 동물들은 접시로 가서, 서로 방해하는 일 없이, 다함께 먹었다. 식사 후 개와 고양이, 그리고 쥐는 불을 쬐며 누웠고, 까마귀는 방 안을 이리저리 겅중겅중 뛰어다녔다.

---

*메클렌부르크— 독일의 옛 주, 편집자 주—

18

밀수꾼 개

네덜란드에선, 아주 큰 몸집에 힘이 무척 센 품종의 개들을 견인용으로 부렸다. 그 개들한테 말처럼 마구를 채워서, 시장에 내다팔기 위한 생선이나 야채를 실은 짐수레를 끌게 했다. 1795년 이전에는 이러한 개들을 밀수에도 이용했다. 이 개들은 참 유순해서 밀수 일에도 쓸모가 많았다. 그 개들은 어떠한 사람도 동반하지 않은 채, 국경 지대에 있는 두 장소를 오갈 수 있도록 훈련을 받았다. 노새들처럼 피륙이나 직물 등등의 작은 꾸러미를 등에 지고, 개들은 완전히 캄캄해진 한밤중이 되어서야 출발했다. 냄새를 가장 잘 맡는 개가 사방팔방으로 코를 킁킁거리며 무리보다 몇 걸음 앞장서 갔다. 그 개가 세관 관리의 냄새를 맡으면 뒤로 돌아섰는데, 이는 즉각 도주하라는 신호였다. 개들은 덤불숲 뒤나 도랑 속에 숨어 안전할 때까지 기다렸다. 그러고 나서 다시 여행을 계속하여, 드디어 국경 너머 물건을 넘겨받는 사람의 비밀 가옥에 이르게 된다. 하지만 이때도 선도견만 겨우 먼저 모습을 나타낼 뿐이었다. 어떤 휘파람 소리, 즉 모든 게 괜찮다는 신호가 떨어져야 비로소 개들은 모두 서둘러 나타났다. 이윽고 개들은 짐을 내리고 난 뒤에, 건초가 잘 깔려 있는 편안한 우리로 들어가서 맘껏 먹을 수 있었다. 그리고 또 한밤중까지 쉰 다음, 국경을 넘어올 때와 똑같은 방법으로 되돌아갔다.

19

개와 거위

집 지키는 개한테 너무나 대단한 애정을 보이며 따르는 거위가 있었다. 그렇게 따르면서도 이 거위는 비 오는 날 말고는 함부로 개집에 들어가려고 하지 않았다. 한편 개가 짖을 때면, 거위도 꽥꽥 우는 소리를 내며 그 개가 짖어대는 대상으로 보이는 사람을 향해 달려가선 발뒤꿈치를 쪼려고 했다. 이따금 거위는 개와 함께 밥을 먹으려고 했다. 하지만 자신의 이 믿음직한 친구를 별로 거들떠보지 않았던 개는 그것을 허용하지 않았다. 또 거위는 강제로 내몰지 않는다면, 밤이 되어도 다른 거위들과 함께 저희들 보금자리로 돌아가려고 하지 않았다. 아침이

되어 거위들이 사육장으로 들어가도, 이 거위는 안마당 문에서 옴짝달싹하려 하지 않고 종일토록 개를 바라보며 앉아 있었다. 마침내 그 거위를 더는 괴롭히지 말라는 명령이 내려졌다. 그리하여 혼자 남겨진 거위는 밤새도록 개와 함께 자유롭게 마당을 노닐었다. 게다가 아주 놀라운 사실은, 개가 마당을 뛰쳐나와 마을 쪽으로 달려가도 거위는 날개를 푸드덕 펼쳐가며 어떻게든 따라잡으려고 하면서 늘 개와 같이 다녔다. 이렇게 뛰고 나는 방법으로 거위는 어디로든 개를 동행했다. 개를 향한 거위의 이 범상치 않은 애정은, 몹시 위험한 처지에 놓인 그 거위를 개가 여우한테서 구해준 일로부터 시작되어 개가 죽을 때까지 2년간 지속되었다. 개가 병들어 누워 있는 동안 거위는 밤낮을 가리지 않고 개 곁을 지켰다. 심지어 아무것도 먹으려 들지 않았다. 날마다 개집 가까이에 옥수수를 그릇에 담아 갖다놓지 않았더라면 어쩌면 굶어 죽었을지도 모른다. 이 무렵에 거위는 개집 속에 들어앉아, 개와 자신의 먹이를 가져오는 사람 말고는 어느 누구도 개집에 얼씬하지 못하게 했다. 하지만 이 충실한 거위의 최후는 애처로웠다. 개가 죽고 나서도 거위는 여전히 개집에 집착했었다. 그런데 죽은 개와 비슷한 크기에다 색깔도 닮은 새로운 개가 들어오고, 이 가엾은 거위는 불행히도 잘못 알고 여느 때처럼 그 개집 속으로 들어갔다가 새로 온 개한테 목이 물려 죽고 말았다.

사비누스와 그의 개

게르마니쿠스 가문과 유착했다는 죄목으로 로마 장군 사비누스가 사형에 처해졌다. 나중에 그 송장은 게르마니쿠스 가를 편들려는 모든 사람들에게 하는 경고로써, 죄수 시체공시장으로 쓰는 벼랑 위에 놓여 누구나 볼 수 있도록 했다. 사비누스의 어떠한 친구도, 감히 그 시체 곁에 가까이 갈 엄두를 내지 못했다. 하지만 오직 단 하나, 그의 충성스러운 개만은 달랐다. 개는 삼일 내내 주검을 지켰다. 개가 애처롭게 울부짖는 소리는 모든 사람들의 마음에 동정심을 불러일으켰다. 사람들이 먹을거리를 개한테 가져다주었고, 또 음식을 먹도록 진정으로 격려했다.

그런데 개는 빵을 입에 문 채, 제 자신의 허기에 굴복하기는커녕 제 주인의 입에다 그 빵을 기꺼이 갖다놓았다. 그러고 나서 또다시 슬프게 울부짖었다. 이렇게 며칠이 흘러가도, 개는 잠시도 시체 곁을 떠나지 않았다. 이윽고 시체가 티베르 강에 던져지자, 이 고결한 개는 그것의 유실을 막기 위해 시체를 따라 강물 속으로 풍덩 뛰어들었다. 그리고 앞발로 시체를 붙들고서 가라앉지 않도록 헛되이 애를 썼다.

21

양을 도둑질한 개

어떤 양치기가 양을 도둑질한 죄로 교수형에 처해졌는데, 그는 개를 이용하여 양을 훔치곤 했었다. 어떤 양을 훔치고자 마음먹으면 그는 개를 보내서 그 일을 하게끔 했다. 이런 속셈으로 그는 마치 양을 사려는 사람처럼 양들을 눈여겨보는 척하면서, 자기 곁에 개를 데리고 양떼 사이로 돌아다녔다. 그러다가 남몰래 개한테 신호를 보내서, 수백 마리의 양떼 중 자기가 원하는 대략 열에서 열둘 마리쯤 점찍어 놓은 양들을 알려줬다. 그 후 아주 멀찌감치 떨어진 곳으로 가서 밤중에 개만 홀로 돌려보냈다. 그러면 개는 낮에 주인이 찜해준 양들을 무리로부터 가려내어, 한 십여 킬로미터 되는 거리를 몰고 와서 주인에게 넘겨주었다.

22

노래 배우는 굴뚝새

어떤 상자 안에 굴뚝새가 둥지를 틀게 되었다. 그런데 상자가 놓인 위치 덕에, 한 가족이 굴뚝새 어미가 제 새끼들한테 그 종 특유의 방식대로 노래를 가르치는 모습을 지켜볼 수 있었다. 어느 날 굴뚝새 어미가 상자의 한쪽 가장자리에 앉아, 새끼들 바로 앞에서 노래 한 곡을 또렷또렷하게 부르기 시작했다. 그때 새끼들 중 한 마리가 어미를 흉내 내려고 했다. 그놈은 몇 마디를 따라하다가 목소리가 막혔고 올바른 가락을 놓쳐버렸다. 곧바로 어미는 그 놓친 부분에서 노래를 다시 부르기 시작하여 나머지를 완벽하게 마저 끝냈다. 그놈은 두 번째로 시도했고, 자기가 놓쳤던 마디에서 시작하여 부를 수 있는 데까지 가능한 한 노래를 이어갔다. 또다시 가락을 잃어버리자 어미는 그 놓친 마디에서 다시 새로 시작했고, 노래를 끝마쳤다. 이번에는 그놈이 노래를 새로 불러서 끝까지 마칠 수 있었다. 이 일이 마무리되자, 어미는 재차 노래 한 곡을 아주 공들여서 불렀다. 또 다른 한 놈이 어미를 따라하려고 했다. 굴뚝새는 첫 번째 새끼 때처럼 똑같은 과정을 밟아갔다. 세 번째도, 네 번째도 그렇게 했다. 어떤 새끼는 그 같은 시도에서 세 번, 네 번, 이보다 더 많이 가락을 놓치기도 했다. 그럴 때마다 어미는 어김없이 그 놓친 마디에서 새로 시작하여 나머지 노래를 끝까지 불렀다. 새끼 한 마리를 성공시킬 때마다 어미 새는 노래 한 곡을 몇 번이나 되풀이해서 부르곤 했다. 간혹 새끼 두 마리가 함께 시작하기도 했다. 이때에도 어미는 한 마리씩 노래를 불러줄 때와 마찬가지의 지도방식을 고수했다. 이런 식으로 하루에도 몇 차례씩, 날마다 반복해 나갔다.

23

몽따르지*의 개

어느 부잣집 프랑스인이 숲 속을 홀로 산책하다가 살해되어 나무 밑에 파묻혔다. 한편 그 사람의 개, 영국산 블러드하운드는 제 주인이 묻힌 곳을 떠날 줄 몰랐다. 하지만 끝내 배고픔을 견디다 못해 제 주인의 한 친구 집으로 찾아갔다. 그곳에서 개의 애끓는 울부짖음은 제 주인과 자기가 당한 곤경을 표현하고자 하는 듯했다. 이윽고 개는 짖어대며 문 쪽으로 뛰어가면서 누가 자기를 따라오는지 뒤돌아보며 살폈다. 또 이러길 여러 번 반복했다. 그러다가 마침내 다시 한 번 제 주인의 친구한테로 되돌아가선, 그 소맷자락을 물고 당기며 무언의 웅변으로 자기와

---

*몽따르지— 프랑스 중부 지방, 편집자 주—

함께 가줄 것을 간절히 부탁했다. 그는 개의 이러한 행동에 뭔가 심상찮음을 느꼈고, 한 무리의 사람들도 개를 따라가기로 결정했다. 개는 그들을 이끌고 제 주인이 묻혀 있는 나무로 갔다. 거기에 이르자 땅을 파헤치기 시작하며 울부짖었다. 사람들이 땅을 파 보니까 그 불행한 남자의 시체가 나타났다. 그 후 얼마 뒤에, 그 개와 살인범이 우연찮게 마주쳤다. 곧바로 개는 살인범의 목을 물려고 덤벼들었다. 살인범은 맹수처럼 덤벼드는 개를 떼어놓으려고 갖은 애를 다 썼다. 개는 연거푸 살인범을 뒤쫓아 가서 공격했다. 이런 일이 있고 나서부터, 누구한테나 마냥 온순하기만 했던 개의 이러한 돌발 행동은 많은 사람들의 관심을 샀고, 이러쿵저러쿵 말이 많아지게 되었다. 결국 이 사건은 왕의 귀에까지 전해졌다. 왕은 그 개를 데려오도록 시켰다. 아주 얌전하기만 했던 개가 그 살인범을 보자 맹렬히 그 앞으로 달려갔다. 그리고 먼젓번처럼 으르렁거리며 덤벼들었다. 이 상황적 증거에 직면한 왕은 싸움의 승패로 판결을 내리기로 결정했다. 즉, 살인범과 개가 서로 싸우도록 명했다. 바로 투기장이 정해졌다. 살인범은 커다란 곤봉을 무기로 쓸 수 있었고 개한테는 잠시 숨을 돌릴 수 있는 은신처로써 빈 통이 주어졌다. 자유 상태에 놓인 개는 적의 주위를 이리저리 뛰어다니면서 용케 그 공격을 피했다. 또 사방에서 컹컹 짖으며 적을 몰아세웠다. 마침내 적의 힘이 다 빠져버리자 개는 훌쩍 뛰어올라 적의 목을 냅다 물고서 땅 위에 내동댕이쳤다. 이윽고 개는 왕과 그 모든 사람이 지켜보는 앞에서 적으로 하여금 자기 죄를 실토하게 만들었다. 나중에 그 살인범은 유죄 선고를 받고 참수 당했다.

24

곰과 소년

프랑스 로렌 지방의 레오폴드 공작에겐 마르코란 이름의 영리하고 감성적인 곰 한 마리가 있었다. 다음은 그 곰에 대한 놀라운 이야기다. 몹시 추운 겨울, 얼어 죽을 지경에 이른 한 소년이 차라리 마르코의 오두막집으로 들어가는 것이 낫겠다고 생각했다. 그래서 그 위험성을 앞뒤 따지지 않고 무작정 들어가고 보았기 때문에, 그 안을 차지한 짐승의 처분에 제 목숨을 내맡긴 꼴이 되었다. 하지만 마르코는 해코지를 하기는커녕, 자기 앞발로 소년을 끌어안고 가슴에 품었다. 또 그렇게 밤새도록 소년을 따뜻하게 해주었다. 이윽고 아침이 되자 곰은 소년을 떠나게 했다. 그런데 소년은 밤에 다시 그 오두막집으로 돌아왔고, 곰한테서 똑같은 보살핌을 받았다. 소년은 며칠을 그곳에 틀어박혀 지냈다. 그러는 동안에 곰은 아주 고맙게도, 소년의 몫으로 제 음식의 얼마를 떼어 놓았다. 시종들도 이러한 사정을 전혀 눈치 채지 못하고 여러 날이 흘렀다. 그러던 어느 날 시종들 중에 한 명이 여느 때보다 늦게 곰의 저녁 음식을 가져다주었다. 그때, 곰이 사나운 태도로 눈알을 부라리는 모습을 보고 놀라게 되었다. 곰은 자기 품에 껴안은 소년이 잠에서 깰까봐 되도록이면 수선 피우지 않기를 바라는 듯싶었다. 마르코는 평소에 식탐이 많았다. 하지만 소년의 앞에 놓인 음식엔 조금도 마음이 흔들리지 않는 것 같았다. 이 범상치 않은 사건은 그 소문이 곧 궁정에 퍼졌고, 마침내 레오폴드 공작의 귀에도 들어가게 되었다. 공작은 자신의 궁정 신하들과 함께 마르코의 너그러운 행실에 대한 그

진위를 확인하고 싶어했다. 신하들 몇 사람이 오두막집 근처에서 밤을 새웠다. 그리고 소년이 잠자는 내내 꼼짝하지 않는 곰의 모습을 지켜보면서 놀라움을 감추지 못했다. 새벽에 잠에서 깬 소년은 자기가 남들 눈에 띄었다는 사실을 알아채고는 몹시 부끄러워했다. 또 한편으로는 자신의 무모함 탓에, 혹시 벌을 받지 않을까 두려워하여 용서를 빌었다. 하지만 곰은 그러한 소년을 어루만지며 어제 저녁 자기에게 가져온 음식을 소년이 먹도록 달래주었다. 게다가 궁정 신하들도 그렇게 하도록 거들었기에 소년은 음식을 먹었다. 이윽고 그들은 소년을 공작에게 데려갔다. 이 사건의 전말을 전해들은 레오폴드 공작은 소년을 보살펴주라는 명령을 내렸다. 만약 소년이 살아 있다면 확실히 입신출세의 길이 머지않아 열렸을 텐데, 소년은 그 얼마 뒤에 죽고 말았다.

'BVT·PAST·BELIEF, A·DOLPHIN'S·ARCHED·BACK
PRESERVED·ARION·FROM·HIS·DESTINED·WRACK,
SECVRE·HE·SITS, AND·WITH·HARMONIOVS·STRAINS
REQVITES·THE·BEARER·FOR·HIS·FRIENDLY·PAINS.'

25

돌고래

아우구스투스 카이사르 시대에 있었던 이야기다. 루크린 호수에 한 돌고래가 살았다. 그런데 이 돌고래는 어느 가난한 사람의 아들에게 열렬한 사랑을 품게 됐다. 소년은 매일 발리에에서 푸테올리로 학교를 다녀야 했는데, 둘이 무척 친한 사이어서 소년이 호숫가 기슭에서 돌고래에게 붙여준 이름인 "시모, 시모" 하고 외치면 돌고래는 소년을 자기 등에 태우려고 물가로 질주해왔다. 그러면 소년은 조금도 주저하지 않고 곧바로 돌고래 등에 올라탔다. 돌고래는 고삐와 박차 없이도, 제 스스로 알아서 푸테올리를 향해 큰 호수를 빠르게 가로질러 헤엄쳐갔다.

이윽고 이 어린 학생을 내려주고 난 뒤에, 돌고래는 그 근방에서 소년의 귀가를 기다렸다가 마치 대중교통 수단처럼 다시 소년을 태워줬다. 소년은 이러한 특별한 호의에 보답하기 위해, 날마다 시모에게 적잖은 먹이를 가져다주었다. 그러면 돌고래는 한껏 순하고 싹싹한 태도로 소년의 손에서 음식을 받아먹었다. 몇 년 동안 이 사이좋은 교제가 지속되었다. 그러나 사실상, 소년의 죽음과 더불어 그 관계는 끝나버렸다. 소문에 따르면, 소년의 모습이 더 이상 나타나지 않게 되자 돌고래는 너무나 상심한 나머지, 호숫가 기슭에 몸을 던지고 비탄과 슬픔에 잠겨 죽었다고 한다.

26

뛰어난 항해자인 생쥐

덩치가 큰 동물일수록 머리가 좋다는 사실에 반박할 사람은 거의 없다. 하지만 생쥐가 실로 그 평균치의 지능을 지녔다고 생각하는 사람은 별로 많지 않다. 다음의 사례는 생쥐를 보잘것없는 동물로 낮춰보는 우리의 통념을 바로잡아 줄 것이다. 더욱이 두 눈으로 직접 목격한 일이어서 아주 특별하다. 산딸기나 머루 같은, 이런 종류의 열매가 아주 드물게 나는 고장에서 사는 생쥐들은 그 먹이를 구하기 위해 어쩔 수 없이 강을 건너기도 한다. 이윽고 한데 모은 수확물을 갖고 돌아오려면 그들은 부득이 또 강물을 다시 건너야 한다. 그런데 이때 그들은 거의 경이나

다름없는 천재성을 보여준다. 대개 여섯 마리에서 열 마리로 이뤄진 그 생쥐 무리는 수련 잎이나 물에 뜨는 어떤 물체를 골라서 그 위 한복판에다 열매를 쌓아놓는다. 그런 다음 다 같이 힘을 합쳐서 물가로 가져간다. 그리고 그것을 물에 띄우고 나서, 그들은 올라타 제 머리를 열매 너미 쪽으로, 제 등을 물 쪽으로 향하게 하여 자리를 잡는다. 이러한 방법으로 강물을 떠내려가면 마침내 맞은편 물가에 닿게 되고, 만일의 경우를 대비해서 늘 마련해두는 저장고에 그 열매들을 옮겨놓는다.

27

제 주인의 죽음에 대한 복수

전투에서 안티오쿠스는 갈라티아 사람인 센타레트리우스한테 죽임을 당했다. 승리자는 기쁨을 주체하지 못하고 죽은 왕의 말에 풀쩍 올라탔다. 그런데 그가 올라타자마자 말은 제 등에 두 다리를 벌리고 걸터앉은 사람이 제 주인의 살인자란 사실을 알기라도 한 것처럼, 곧바로 굉장한 분노로 몸부림쳤다. 또 높이 치솟은 암벽 꼭대기 쪽으로, 센타레트리우스가 제아무리 말에서 벗어나려고 해봤자 그럴 수 없는 속도로 돌진해 달려갔다. 그리고는 절벽 위로 그와 함께 몸을 내던졌다. 그 아래에서 둘 다 만신창이 시체로 발견되었다.

28

숫자를 셀 줄 아는 까마귀

불길한 까마귀가 마당에서 어미닭이 돌보고 있는 병아리 열네 마리를 발견했다. 그리고 그중에 한 마리를 낚아챘다. 그런데 그때 한 처녀가 창문을 열어젖히고 고함을 치는 바람에, 약탈자는 자신의 포획물을 떨어뜨리고 말았다. 하지만 그날 그 까마귀는 다른 까마귀들을 열세 마리 데려와선 제각각 병아리를 한 마리씩, 한꺼번에 모조리 낚아채 가버렸다.

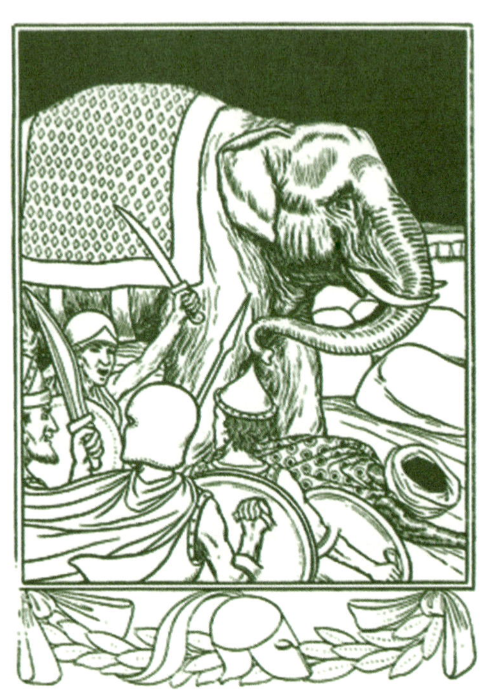

29

포루스 왕의 목숨을 구해준 코끼리

알렉산더 대왕과 전투 중에 포루스 왕은 심한 부상을 입고 자기가 타고 있던 코끼리 등에서 추락했다. 마케도니아 병사들은 왕이 죽었다고 여기고 그의 호사로운 의복과 장신구를 약탈하기 위해 몰려들었다. 하지만 그때 충성스러운 코끼리가 제 주인의 몸을 막아선 채, 덤벼드는 적들을 모두 과감히 쫓아버렸다. 적들이 난처해하는 사이, 코끼리는 피 흘리는 포루스 왕을 코로 들어서 제 등에 다시 올려놓았다. 다행히도 때마침 포루스 왕의 군사들이 왔고 왕은 목숨을 건졌다. 그러나 코끼리는 제 주인을 영웅적으로 방어하다가 당한 부상으로 죽고 말았다.

30

물 긷는 당나귀

몇 해 전 와이트 섬의 캐리스브룩 성에서 부리는 한 당나귀가 있었다. 그런데 이 당나귀는 로마인이 팠다고 짐작되는 아주 깊은 우물에서 커다란 굴대를 돌려 물을 길었다. 주인은 물이 필요할 때마다 당나귀한테 이렇게 말하곤 했다.

"톰, 내 새끼야, 물이 필요하구나. 자, 굴대에 몸을 매렴, 이 착한 녀석."

그러면 당나귀는 더 훌륭한 짐승에게서나 찾아볼 수 있음직한 민첩함과 총명함으로 곧장 그 일을 해 나갔다. 당연히 이 당나귀는 물을 긷는데 회전축을 중심으로 굴대를 정확히 몇 번 돌려야 하는지 알고 있었다. 우물 속 저 밑에서 물통이 올라오면 당나귀는 늘 굴대를 돌리는 일을 멈추고 고개를 돌려 살피면서, 제 나름의 일머리가 생긴 덕에 굴대를 앞으로 또는 뒤로 조금 돌려가며 주인이 그 물통을 끌어내려 잡을 수 있게 해주었다. 이 볼품없는 짐승이 늘 꾸준히 제 일을 해나가는 모습은 지켜보는 사람을 기쁘게 했다.

어떤 절망감

프랑스대혁명 때 아주 존경 받는 어느 고령의 행정관이 내란죄로 사형선고를 받고 감옥에 갇혔다. 그에겐 늘 곁에 두고 키웠던 워터스패니얼종 개 한 마리가 있었다. 그런데 그가 수감됐을 때 개를 감옥 안으로 들어가지 못하게 했다. 그래서 개는 제 주인집으로 돌아가야 했는데 집이 폐쇄되어 이웃사람한테 신세를 져야 했다. 매일 같은 시간에 개는 그 이웃집을 떠나 감옥 문으로 갔다. 하지만 감옥엔 들어갈 수 없는 노릇이라 개는 매번 그 문 앞에서 한 시간씩 있다가 돌아가곤 했다. 마침내 이러한 개의 충정은 문지기의 마음을 움직였다. 어느 날 문지기는 개를 감옥에 들어가도록 허락했다. 개는 제 주인을 보자

떨어지려고 하지 않았다. 간수는 개를 떼어놓으려고 애를 먹어야 했다. 개가 그 다음날도, 또 날마다 찾아오자 하루에 한 번 그 출입을 용인했다. 개는 제 주인의 손을 핥고, 얼굴을 쳐다보다가, 재차 손을 핥고는 감옥을 떠나기 일쑤였다. 행정관의 사형 집행 후, 그 현장에 있었던 개는 제 주인의 시신을 따라 매장지로 갔다. 그리고 장례식이 끝난 다음에 그 무덤에 엎드려 앉았다. 그렇게 첫날 밤을, 이튿날 낮을, 다시 그 밤을 보냈다. 한편 개의 모습이 눈에 띄지 않자 걱정이 되어 개를 찾아 나섰던 이웃사람은 주인 무덤에서 개를 발견하고는, 쓰다듬으며, 음식을 먹였다. 그 사람의 집으로 데려간 지 한 시간이 지나서, 개는 그 집을 빠져나와 자기가 가장 좋아하는 장소로 되돌아갔다. 석 달이 흘러가는 동안 개는 매일 아침 이웃사람의 집에 와서 밥을 먹은 뒤에 제 주인의 무덤으로 돌아가곤 했다. 이후로 개는 나날이 더 슬픔에 잠겼고, 더욱 야위었고, 더더욱 쇠약해졌다. 개는 사슬로 붙잡아 두어도 그 구속을 끊고 도망쳐서 무덤으로 돌아갔다. 그리고 다시는 무덤을 떠나려고 하지 않았다. 개를 데리고 가려는 모든 노력이 헛수고였다. 음식을 가져다주어도 개는 더는 먹으려 하지 않았다. 그런데 어느 날, 개는 약해질 대로 약해진 앞발로 자기와 제 주인 사이를 갈라놓은 땅을 몇 시간이나 파들어 갔다. 주인과 또 한 번 만나겠다는 열망이 개에게 힘을 주었다. 이윽고 서서히 시체가 나타났다. 마침내 제 주인을 만났다는 안도감에, 그때까지 개를 지탱해주던 마음이 무너졌고, 개는 마지막 숨을 거두었다.

교활한 여우

어느 미국인 남자가 블러드하운드개 두 마리를 데리고 여우 사냥에 나섰다. 개들은 곧 냄새를 맡고, 거의 두 시간 가까이 여우를 추적했다. 그런데 갑자기 그 냄새의 자취를 놓친 듯했다. 남자가 개들을 따라잡고 보니까, 개들은 땅 위에 놓인 커다란 통나무 근처에서 아무런 목적 없이 몇 개의 잔가지들 주변을 빙빙 맴돌고 있었다. 남자는 그 모습에 무척 놀랐다. 사냥감의 흔적은 죄다 종적을 감췄는데도 개들은 여전히 컹컹 짖어대고 있었기 때문이다. 남자는 자기 주위를 둘러보았다. 그러자 교활한 여우가 통나무 위에 아주 죽은 듯이 축 늘어져 있었다. 남자는 개들의

관심을 여우한테로 돌리려고 이런저런 방법을 다 써 보았다. 하지만 소용없었다. 이윽고 남자는 여우가 숨을 쉬나 안 쉬나 보려고 그 교활한 짐승에게 가까이 다가갔다. 심지어 그때까지도 여우는 미동조차 없었다. 남자가 곤봉을 움켜쥐고 여우를 겨냥하여 내려치려는 순간, 여우는 그 숨어 있던 상소에서 풀쩍 뛰어올라 달아났다. 이렇게 여우는 자기를 잡으려는 추적자들을 단번에 효과적으로 따돌렸다.

네발짐승들이 보여주는 인생 희극

티베리우스가 통치하던 시대에, 화려한 의상을 차려입은 수컷 여섯 마리와 암컷 여섯 마리로 이뤄진 열두 마리 코끼리들의 공연이 로마에서 열렸다. 조련사의 명령에 따라 춤도 주고, 삿가시 새비있는 익살을 보여준 뒤 코끼리들의 원기 회복을 위해 아주 호화로운 잔치판이 벌어졌다. 마치 로마인들이 축연을 베풀 때 그러는 것처럼, 식탁은 온갖 진미로 덮였고, 금술잔은 값비싼 포도주로 채워졌다. 또 코끼리들이 누워서 쉴, 자줏빛 양탄자가 깔린 침대들도 놓여졌다. 코끼리들은 이 양탄자 위에 누워, 자기들이 마치 훌륭한 시민들이라도 된 듯, 조련사의 신호가 떨어지면 코를 식탁에 뻗어가며 맘껏 먹고 마시기 시작했다.

받은 사랑보다 더 많이 충성한 개

예전에 한 신사가 집과 안마당을 지키는 마스티프 종 개를 키웠다. 하지만 그 개는 주인한테 이렇다 할 특별한 관심을 받지는 못했다. 어느 날 저녁, 주인이 충직한 이탈리아 하인의 시중을 받으며 침실로 들어가려는데, 개가 조용히 위층으로 따라오더니 주인 침실까지 들어왔다. 전에는 이런 적이 한 번도 없어서 주인은 놀랐다. 개는 곧바로 내쫓겼다. 그러나 개는 문을 사납게 긁어대면서, 안으로 들어가게 해 달라고 야단스레 울부짖었다. 하인이 개를 멀찍이 쫓아냈지만, 개는 다시 돌아와서, 좀 전보다 더 끈덕지게 들여보내주라고 보챘다. 이러한 개의 생떼에 지친 주인은 그만 문을 열도록 하인에게 시켰다. 그리고 개가 원하는 바가 뭔지 알아보고자 했다. 곧 개는 어슬렁어슬렁 들어오더니만 침대 밑으로 기어들어가 그날 밤 자신의 잠자리를 여기로 정한 듯이 엎드려 누웠다. 주인은 괜한 소란을 일으키지 않으려고 그냥 개를 내버려두었다. 자정 무렵에 침실 문이 열리더니, 어떤 사람이 방을 가로질러 다가오는 발자국 소리가 났다. 신사는 깜짝 놀라 잠에서 깼고, 개도 자기 은신처에서 훌쩍 튀어나와 그 불청객을 덮쳐 그 자리에 꼼짝도 못하게 만들었다! 주위는 온통 깜깜했다. 신사는 커다란 공포에 사로잡혀 벨을 마구 울리며 불을 가져오게 했다. 이 용감한 개한테 공격받고 바닥에 납작 붙잡혀 있던 침입자는 도와달라고 소리쳤다. 그 사람은 하인으로 밝혀졌는데 이러한 응대가 있으리라곤 전혀 짐작도 못했었다. 하인은 자신의 침입 사실을 사죄하기 바빴고, 자기가 왜 들어왔는지 그럴듯한 변명들을 늘어놓았다. 하지만 끈질기게 침실로 들어가려고 했던 개의 이상 행동, 장소, 하인의 수상한 태도, 이 모든 사항이 미심쩍었던 주인은 이 일을 치안판사에게 맡겨 조사토록 했다. 결국 딴 마음을 품었던 이탈리아 하인은 자기 주인을 살해하고 나서 집을 빼앗으려 했다는 범행 목적을 실토했다. 이러한 극악무도한 계획은, 마치 하느님의 뜻에 의해 인도된 듯이 주인을 향한 개의 본능적인 애정 덕에 수포로 돌아갔다.

코끼리의 곡예

그 거대한 몸집과는 영 딴판으로, 코끼리가 대단히 섬세한 고난도의 곡예를 쉽사리 배운다는 것은 주목할 만한 사실이다. 아리스토텔레스에 따르면, 고대에는 조련사들이 코끼리한테 과녁에 돌 던지기, 허공에서 앞발을 들어올리기, 또 넘어지지 않고 두 발로 서 있기, 땅바닥에서 뿐만 아니라 공중에 걸린 줄 위에서도 춤추기 등을 가르쳤다고 한다. 수에토니우스가 말한 바로는, 최초로 코끼리 줄타기 춤을 선보인 사람은 로마 황제 갈바였다. 코끼리에게 땅 위에서 춤추도록 가르치는 일은 의외로 단순했다. 음악과 뜨거운 바닥을 연결 지어 생각하면 답이

나온다. 하지만 코끼리에게 줄 위에서 뒤뚱뒤뚱 뛰는 재주를 어떻게 가르쳤으며, 그 줄을 팽팽하게, 그렇지 않으면 느슨하게 공중에 쳤는지, 또 그 줄은 얼마나 높았는지 우리에게 알려진 바가 없다. 이러한 관점에서 저 역사의 침묵은 오늘날 곡예 부리는 코끼리에겐 오히려 다행한 일이다. 그렇지 않았다면 현재 코끼리 곡예의 명성은 그 빛을 완전히 바랬을지도 모른다. 고대 로마 시대에 코끼리들은 줄타기 춤을 배웠을지 모르지만, 오늘날처럼 관중의 머리 위로 쳐진 줄 위에서 걷거나, 화염의 불길이 공중 15미터 높이로 치솟는 그 한복판에서 뛰어다녔다고 알려진 바가 있는가? 아리스토텔레스도 지금의 코끼리 공연을 보았다면 자기가 살던 시대의 코끼리 곡예를 어떻게 생각하였을까?

하느님이 보내주신 호위

다음은 한 여행자가 들려준 어떤 사자에 대한 기이한 일화인데, 그는 이 이야기를 매우 신뢰할 만한 사람들한테서 전해 들었다고 한다. 1614년이나 1615년 무렵에, 아프리카 북서안의 회교국인 모로코에서 기독교도 노예 두 명이 탈출했다. 아랍 추적자들이 심심찮게 지나쳐 가서, 그 둘은 밤엔 이동하고 낮엔 나무에 올라가 몸을 숨겼다. 어느 날 밤, 둘이 여정을 이어가는데 커다란 사자 한 마리가 자기들 근처에 있는 걸 보고 소스라치게 놀랐다. 그런데 이 사자는 그들이 걸으면 따라 걷고, 그들이 발걸음을 멈추면 덩달아 서는 것이었다. 그들은 이 사자를

하느님이 자기들한테 보내주신 호위라고 여기고, 용기를 냈다. 그리고 낮 동안에도 사자와 함께 움직였다. 이윽고 그들을 추적해온 기병들이 나타나서, 그들을 사로잡으려고 했다. 하지만 그때 사자가 끼어들어서 그들을 달아날 수 있도록 해줬다. 날마다 이 가련한 도망자들은 그들을 붙잡으려고 하는 별의별 사람과 맞닥뜨렸지만, 그때마다 사자가 그들의 보호자가 되어주었다. 그리하여 마침내 그들은 무사히 바닷가에 도착할 수 있었다. 그때 비로소 사자가 그들을 떠났다.

어떤 고결한 복수

한 청년이 자기가 기르던 개를 없애버리고 싶어서, 개를 데리고 강으로 갔다. 그는 보트를 빌린 뒤, 강을 노 저어 가다가 강물 속으로 개를 빠트렸다. 가엾은 개는 보트 옆구리로 기어오르려고 발버둥을 쳤다. 하지만 개를 익사시킬 작정으로, 그는 개를 노로 자꾸 밀쳐냈다. 그런데 개와 이런 실랑이를 벌이다가 청년이 그만 물에 빠지고 말았다. 그는 익사할 처지에 놓였다. 개는 제 주인이 허우적대는 모습을 보자 곧 보트가 떠내려가도록 내버려두고, 구조의 손길이 올 때까지 청년을 물 위로 붙들고 있었다. 그리하여 그는 목숨을 건졌다.

동물에겐 이성이 없을까?

어느 날 한 남자가 제 친구와 대화를 나누다가, 동물은 단지 기계에 불과해서 스스로 행동하도록 하는 어떠한 이성도 없다고 주장했다. 또 동물이 울거나 소리를 내는 것은 시계나 기계의 톱니바퀴들 중 그 하나가 만들어내는 소리와 마찬가지라고도 했다. 그런데 이와는 다른 견해를 가진 그 친구는 이렇게 대답했다.

"우리 집 조리실엔 턴스피트종의 개 두 마리가 있었어. 그 개들은 하루걸러 번갈아가면서 쳇바퀴 안으로 들어가 그것을 돌려야 했지. 그런데 한 마리가 그 일을 좋아하지 않아서 제 차례가 돌아오는 날이면 어디 딴 데로 숨어버리곤 하는 거야. 그놈 대신에 다른 녀석이 억지로 쳇바퀴를 돌려야 했어. 그런데 하루는 이 녀석이 자기를 따라오라고 하는 듯이 짖어대며 꼬리를 흔들더니, 곧 사람들을 게으름 피우는 개가 숨어 있던 작은 방으로 이끌었지. 그리고 그곳에서 놈을 몰아낸 뒤 바로 물어 죽였어."

12년 만에 되찾은 코끼리

인도 캘커타의 어느 부잣집 소유였던 암코끼리가 사육사한테서 도망쳐 숲으로 달아났다. 사육사가 아무리 변명을 해봐도 소용없었고 그가 코끼리를 팔아치운 것으로 여겨졌나. 이 때문에 그의 아내와 가족은 노예로 팔려갔고 그는 도로를 닦는 강제 노역에 처해졌다. 이로부터 12년이 흐른 뒤, 이 남자는 야생 코끼리 잡는 일을 도우라는 명령을 받고 지방으로 가게 됐다. 한번은 이 사육사가 저 앞에 있는 코끼리들 중 어떤 무리에서 오래 전 자기가 잃어버린 그 코끼리를 본 것 같은 생각이 들었다. 그래서 그는 그쪽으로 가까이 가보기로 마음먹고 위험을 무릅쓴

채 코끼리 무리 속으로 들어갔다. 사육사가 그 코끼리에게 다가가자 암코끼리는 그를 알아보고는, 코를 허공에 이리저리 흔들어대면서, 세 번 인사를 했다. 그리고 무릎을 꿇더니 그를 자기 등에 태웠다. 그 후로 암코끼리는 다른 코끼리들을 사로잡는 일에 도움을 주었고, 게다가 제 새끼들도 세 마리 데려왔다. 사육사는 자신의 신분을 회복했고, 그동안의 고생과 담대한 행위에 대한 보상으로 종신 연금을 받게 되었다. 이 암코끼리는 나중에 허스팅즈 인도총독의 소유가 되었다.

타조를 타고 달리기

다음 이야기는 어떤 남자가 니제르 강의 기슭에 있는 프랑스 관영공장인 포도르에서 지낼 때 겪었던 일이다. 그곳에는 비록 어리지만, 보는 사람을 놀라게 할 만큼 엄청난 크기의 타조 두 마리가 있었다. 그는 이렇게 말했다.

"타조들은 참 순했거든. 그래 흑인 아이 둘이서 큰 놈 타조의 등에 함께 올라탔지. 타조는 아이들 체중을 느끼자마자 있는 힘껏 빨리 달리기 시작해서, 아이들을 태우고 마을을 몇 바퀴나 돌았어. 이 타조를 멈춰 세울 수가 없어 결국 지나가는 길을 막아야 했지. 이런 광경을 보고 난 아주 기뻐했어. 그래서 또다시 보고 싶기도 하고, 타조의 힘을 시험해 보기도 싶고 해서, 흑인 어른 한 명을 타조 작은놈 등에 타게 하고 다른 어른 두 명을 큰놈 등에 올라타게 했지. 타조들의 힘은 그 무게쯤은 아무렇지도 않은 듯싶었어. 처음엔 제법 잰 걸음을 걷더니만, 좀 열기가 오르니까, 날개를 펼친 채 마치 바람을 붙잡으려는 듯이 땅바닥에 두 발이 닿는 게 보이지 않을 정도로 쏜살같이 달려가는 거야. 대다수 사람들은 한두 번쯤은 뇌조가 달아나는 모습을 본 적이 있을 텐데, 그걸 보고 뇌조를 따라잡을 수 있겠다고 하는 사람은 아무도 없거든. 이렇게 상상해보면 이해가 쉬울 거야. 뇌조가 훨씬 긴 보폭을 갖게 된다면 그 달리는 속도가 정말 장난 아니겠지. 타조는 마치 이러한 장점을 지닌 뇌조처럼 빨랐어. 내가 얘기한 타조들은, 내 확신하건대 이제껏 영국에서 길러진 그 어떤 경주마들보다 훨씬 더 빨리 달릴 수 있을 거야. 하지만 타조들이 경주마만큼 오래 달리지 못한다는 사실도 맞는 말이지. 그렇지만 한정된 거리를 주파하는 거라면 틀림없이 타조가 말보다 시간이 적게 걸릴 거야. 나는 이따금 이 놀라운 타조의 힘을 보면서, 우리가 말에게 하는 것처럼 타조를 조련하고 길들인다면, 제법 쓸 만하지 않을까 하는 생각을 해봤지."

41

기발한 앙갚음

한 상인이 길들인 코끼리를 제 마음껏 돌아다니게 놔뒀다. 그 코끼리는 여느 주민처럼 얌전하고 편안한 태도로 길거리를 활보하며, 상점들을 들르는 것을 무척 좋아했다. 특히 허브와 과일 파는 가게를 좋아했다. 어느 상점에서나 이 코끼리를 환영해주었다. 그런데 심술궂은 구두장이 부부만은 그렇지 않았다. 아무 이유 없이 이 온순한 짐승한테 성질을 부렸고, 한두 번인가 송곳으로 코끼리 코에 상처를 입히기도 했다. 그 부부를 짓밟아버리는 일은 제 체면에 걸맞지 않는다고 생각한 이 고상한 짐승은 그들을 응징할 적당한 방법을 찾아냈다. 코끼리는 자신의 큰 코에 더러운 물을 채우고 나서, 평소와 다름없이 그들에게 다가갔다. 그리고 바로 그 더러운 물을 구두장이 부부가 뒤집어쓰게 만들었다. 사람들은 그 꼴을 보고 웃으며, 코끼리의 응징에 박수를 보냈다.

42

말과 그레이하운드

혈통 좋은 그레이하운드개와 경주마 둘 중에 누가 더 빠른지, 서로 상충하는 여러 가지 견해가 있었다. 그 속도의 우열을 공정하게 가려볼 수 있는, 어떤 기준을 마련해보자는 요청은 스포츠계에 종종 있어 왔다. 그러던 중에 우연찮게 다음과 같은 상황이 벌어지면서, 전에는 확실하게 알 수 없었던 저 문제에 대한 귀띔을 해주게 되었다. 1800년 12월 동커스터 경마장에서 상금 100기니*가 걸린 경기가 열렸다. 그런데 두 마리 말 중에서 한 마리가 경기에 나서지 않게 되어, 암말 혼자 출발하게 되었다. 이제 줄곧

*기니— 영국의 옛 금화, 편집자 주—

달리기만 하면 이 시합에 걸린 내기 판돈은 암말 차지가 될 듯했다. 총 4마일 거리에서 1마일쯤 달렸을 때, 그레이하운드 한 마리가 경주로 측면에서 합류하여 암말과 함께 달렸다. 둘은 경쟁적으로 시합에 임하면서 서로 앞서거니 뒤서거니 각축을 벌이며 나머지 3마일을 내처 달렸다. 각자 전력을 다하는 활기찬 모습에 관중들은 크게 기뻐했다. 주정표走程標를 지날 때는 5 대 4로 그레이하운드 쪽에 더 많은 판돈이 걸렸고, 관람석과 나란히 달릴 때는 각각 반반씩이었다. 누구나 5에서 10까지 배당률을 선택할 수 있었다. 하지만 결승선에서 암말이 간발의 차이로 승리했다.

43

어떤 염소

1715년 재커바이트 반란에 적극 가담했던 한 남자가 프레스톤 전투를 치른 뒤 웨스트하일랜드로 도망쳤다. 그곳에 사는 가까운 친척 여자는 그에게 은신처를 제공해주었다. 믿음직한 하인이 그를 동굴 입구로 데려간 다음, 상당한 비축 식량도 가져다주었다. 이 탈주자는 식량을 끌면서 동굴의 더 낮은 안쪽으로 기어들어갔다. 훨씬 공간도 넓고 천장도 높은 장소에 이르러 그는 자기 앞에 어떤 방해자가 있다는 걸 알아챘다. 그는 곧 단검을 빼들었다. 하지만 이곳에 숨어든, 같은 처지의 목숨을 해치지나 않을까 싶어 무턱대고 공격하지는 않았다. 그가 허리를 구부리고 보니 염소가 제 새끼와 함께 바닥에 축 뻗어 있었다. 그는 이 짐승이 큰 고통을 겪고 있음을 직감하고, 어미 염소의 몸과 팔다리를 살펴보고 나서 그 다리가 부러진 사실을 확인했다. 그는 자신의 양말 대님으로 그곳을 묶어주었다. 또 곁에 있는 비축 식량에서 빵을 얼마쯤 나눠주었다. 하지만 어미 염소는 제 입이 갈증으로 바싹 말랐다는 걸 그에게 알리려는 듯 혀를 쑥 내밀었다. 그가 물을 주자, 염소는 얼른 받아먹은 후 빵도 먹었다. 한밤중이 지나서, 그는 위험을 무릅쓰고 동굴 밖으로 나왔다. 사방이 온통 고요했다. 그는 풀을 한 아름 뽑고 부드러운 잔가지를 베었다. 그것들을 가져다주자 염소는 기쁨과 감사를 표시하며 받아들였다. 이 죄수 아닌 죄수는 이러한 토굴 감옥에 살아 있는 동물과 함께 있다는 사실에 큰 위안을 삼고 염소를 쓰다듬으며 다정하게 먹이를 주었다. 그런데 어느 날, 이곳으로 식량을 가져다주는 일을 맡은 하인이 병들었다. 그래서 다른 하인이 이 동굴로 들어오게 됐는데, 염소가 사방팔방으로 뿔을 들이대며 결렬하게 덤벼 들었다. 이윽고 남자가 이 소란을 듣고 앞으로 나왔다. 이 새로 온 하인이 암호를 댈 때 혹시나 했던 모든 의심은 사라졌다. 그리고 동굴 안쪽에서 버티고 있던 어미 염소는 제 은인의 말을 따르며 그 하인이 들어올 수 있도록 해줬다. 남자는 한 무리의 군인들이 이 동굴로 쳐들어왔을지라도, 이 고마워할 줄 아는 염소가 죽음도 마다하지 않은 채 자기를 지켜주었으리라고 확신했다.

44

제 새끼를 위해 경계를 서는 칠면조 어미

다음은 제 새끼를 위해 저 먼 하늘까지 경계를 늦추지 않는 칠면조 어미에 대한 보기 드문 일화이다. 이 이야기를 어느 프랑스인 목사가 이렇게 들려줬다.

"새끼들을 데리고 앞장서 가던 칠면조 어미가 아주 섬뜩한 비명을 냈어. 그 까닭을 미처 알지 못했지만, 새끼들은 제 어미의 경고 소리를 듣자마자 덤불이나 풀밭 밑으로, 몸을 숨길 수 있거나 보호해줄 만한 곳이면 그곳이 어디든 숨어들었지. 심지어 땅바닥에 마냥 축 늘어져서, 마치 죽은 듯이 옴짝달싹도 안 하는 새끼도 있었어. 그러는 사이, 어미는 눈으로 위쪽을 주시하며 먼젓번처럼 자꾸 비명을 질러대는 거야. 어미가 쳐다보는 방향을 따라 올려다보니까 구름 아래로 검은 점 하나가 보였어. 처음엔 그것이 뭔지 알 수 없었지. 그땐 거리가 너무나 멀어서 식별할 수 없었지만, 얼마 지나지 않아 그것이 맹금인 걸 알게 됐어. 또 언젠가 이런 일도 있었지. 어떤 칠면조 어미가 이러한 동요 상태를 줄곧 유지하자, 이를테면, 모든 새끼들이 땅바닥에 몸을 붙인 채 무려 네 시간 동안이나 꼼짝도 않고 있었어. 그 시간 동안 무서운 천적이 원을 그리며 바로 머리 위쪽에서 맴을 돌고 있었거든. 마침내 맹금이 사라지자, 어미는 목소리를 바꾸어 다른 울음소리를 냈지. 곧바로 그 소리는 떨고 있던 새끼들에게 모두 전해졌어. 그제야 새끼들은 위험에서 무사히 벗어났다는 사실을 알기라도 하듯이, 기쁨을 감추지 못하며 어미 곁으로 모여들었어."

돼지 소리 음악회

기지가 뛰어나고 새로운 악기를 제작하는 솜씨가 좋은 대수도원장이 있었다. 프랑스 왕 루이 11세는 신담이라기보다는 농담으로, 대수도원장에게 돼지 소리로 연주하는 음악회를 개최하라고 명했다. 대수도원장은 확실히 그 음악회를 열 수는 있지만 많은 돈이 든다고 말했다. 그러자 왕은 얼마를 요구하든지 그에게 돈을 주라고 시켰다. 이윽고 대수도원장은 여태껏 선보였던 악기만큼이나 기묘한 어떤 물건을 만들었다. 그 제작 과정은 이러했다. 먼저 여러 연령대의 돼지들을 한껏 모아서 큰 천막에 가두고 나서 이 천막을 벨벳 천으로 덮어씌웠다. 그리고 천막

앞에 건반처럼 일정한 개수의 키를 가진, 채색한 나무 테이블을 설치했다. 앞에서 말한 키에 작은 못을 박아 넣어, 그 못이 돼지를 찌르게 하여 일종의 유기적인 악기를 만들었다. 이렇게 대수도원장은 돼지들의 비명으로 음계에 따른 협화음을 만들었다. 이리하여 그는 왕과 모든 대신들을 매우 기쁘게 했다.

46

여행자들

예전에 여인숙 주인이 친구에게 줄 선물로, 개와 고양이를 자루 속에 넣고 묶어서 마차에 실어 보냈다. 그 개와 고양이는 열 달 넘게 단짝으로 지낸 사이였다. 얼마 뒤 그 둘은 함께 도망쳐, 20킬로미터나 떨어져 있는 원래 살던 집으로 되돌아왔다. 어쩔 때 개는 제 길동무를 다른 개의 공격에서 용감히 지켜 주며, 둘이 길을 따라 나란히 걸으며 돌아왔다.

47

경비견

직조 장인인 첼리니의 작업장에 도둑이 들었다. 도둑은 작은 상자들을 부숴가며 안에 든 보석들을 훔치려고 했다. 그때 개 한 마리가 나타나서 도둑질을 못하도록 막아섰다. 도둑은 칼을 들고 자기를 방어하기에 급급했다. 잠시 뒤 이 충직한 개는 도움을 구하러 직공들이 자고 있는 방으로 피해갔다. 하지만 그들은 개가 짖어대는 소리엔 아랑곳하지 않았다. 개는 이불을 끌어내리고 그들의 팔을 번갈아가며 잡아당기면서 억지로 그들을 깨웠다. 그러고 나서 개는 몹시 시끄럽게 짖어대며 도둑이 있는 곳으로 직공들을 이끌고 가려고 앞장섰다. 그런데 그들은 개를 따라나서려 하지 않고 방문을 잠가버렸다. 이 사람들이 도와주리라는 모든 기대가 사라지자 개는 제 혼자 이 일을 떠맡으려고 아래층으로 내려갔다. 개는 그 도둑놈이 작업장에서 달아난 걸 알아채자마자 거리로 뛰쳐나갔다. 그리고 도둑을 따라잡고는 그 옷을 물어뜯었다. 만약 도둑이 근처에 있는 양복 직공 몇 사람들에게 미친개한테서 자기를 살려달라고 소리치지 않았더라면, 그는 응분의 대가를 치렀을 것이다. 하지만 그 직공들은 도둑의 말을 믿고 도와줘서, 그 가엾은 개를 강제로 내몰아 물러나게 만들었다.

48

이심전심

가난하지만 그 태생과 성품은 고귀한 어느 프랑스인 장교가 있었다. 그는 대단한 용기와 충성심으로 몇 년 동안 베니스 공화국에 헌신했다. 하지만 당연히 해야 할 승진을 누리진 못했다. 어느 날 그는 한 귀족— 과거에 그에게 승진을 부탁하곤 했지만 늘 헛수고였었다— 을 모시게 되었는데, 그동안의 친분으로 여전히 일말의 믿음을 갖고 있었다. 그런데 돌아온 응대는 냉담하고 모멸에 찬 것이었다. 그 귀족은 이 곤궁에 처한 노병의 발걸음을 되돌리게 한 채, 거리로 나가려고 근사한 가구들로 채워진 방들을 지나갔다. 노병은 생각에 잠겨 방들을 지나가다가, 호화로운 그릇장에 우연히 눈길이 갔다. 그 찬장에는 최상급의 명품인 값비싼 베니스 유리 제품

들이 더할 나위 없는 연회를 기다리며 연분홍 천 위에 놓여 있었다. 노병은 그 리넨 천의 한쪽 귀퉁이를 잡고는 항상 자기와 함께 다니는 영국산 마스티프종의 충직한 개한테 무심코 다음과 같은 말을 던졌다.

"이 보렴, 내 늙고 가난한 친구야. 이 오만불손한 압세사들이 얼마나 호화 방탕한 생활에 빠져 있는지, 또 우리를 어떻게 푸내집을 했는지 알았겠지!"

그 불쌍한 개는 제 주인의 얼굴을 쳐다보며 그 심정을 이해하겠다는 눈치였다. 주인은 계속 걸어갔다. 그렇지만 개는 주인과 보조를 맞췄던 발걸음을 늦추더니, 그 연분홍 천을 이빨로 물고는 홱 끌어당겼다. 이 한 번의 힘찬 동작으로 그릇장의 유리 제품들은 모조리 바닥에 떨어져서 산산조각이 났다. 이렇게 하여 거만한 귀족의 호사스러운 애장품을 박살냈다.

사람을 겁내지 않는 동물 군락

어느 유명한 여행가가 트리스탄다쿠냐 섬에 대해 이야기하면서, 이 외딴 섬에 사는 동물들은 너무도 사람을 무서워하지 않아 그리로 지나가려면 바위 위에서 쉬고 있는 새들을 발로 차내며 가야 할 판이라고 말했다. 또 말하길, 어떤 바다표범은 아무리 때리고 돌을 던져도 그 자리에서 움직이려고 하지 않았고, 그래서 마침내 일행 중에 몇 사람들이 바다표범 등에 올라타서, 신나게 그들을 바다로 몰고 가기도 했다고 한다.

50

앙갚음 당한 침입자

몇 해 전 어느 이른 봄에 참새 한 마리가 낡은 제비 둥지를 차지하고 그 안에 알을 낳았다. 그 둥지의 원래 주인이 돌아와서 다시 그곳에서 살려고 했다. 하지만 참새는 이미 굳건히 자리를 잡았고, 제비가 그러지 못하도록 했다. 그래서 서로 간의 심각한 싸움이 벌어졌다. 제비는 자기 짝과 함께 싸웠고, 또 간간이 여러 동료들도 이 교전에 합세했다. 그렇지만 남의 둥지를 빼앗은 참새를 몰아내는 일은 제비들이 힘을 합쳐 갖은 애를 다 썼음에도 수포로 돌아갔다. 이러한 목적이 완전히 좌절되자 제비들은 다음의 뾰족한 수를 내기 위해 머리를 맞대야 했다. 권리와 정의라는 고상한 정신에 부합하는 해결책을, 결코 쉽지 않은 이런저런 궁리 끝에 찾아냈다. 제비들은 참새가 둥지를 절대 포기하지 않으리란 사실을 너무나 잘 알았기에, 마땅히 원래 주인에게 돌아가야 할 둥지를 부당하게 차지하고 있는 참새를 어떻게 벌할 수 있을까 하는 문제로 넘어갔다. 이 악질적인 행위를 앙갚음할 방법은 침입자를 죽이는 수밖에 없다는 하나의 의견으로 모아졌다. 이렇게 결정하고 나서, 다음과 같은 아주 특이한 방식으로 처형을 집행해 나갔다. 제비들은 그 싸움터를 잠시 떠났다. 그러더니 숫자가 불어나서 돌아왔는데 저마다 부리에 둥지 짓는 재료들을 한껏 물고 있었다. 제비들은 더는 참새를 공격하지 않고, 곧바로 둥지 입구를 막는 일을 시작했다. 참새를 진흙집 안에 가둬서, 자기가 그토록 용감히 지켜내고자 했던 요새에서 죽어가도록 할 셈이었다.

51

진심 어린 친절

한 무어인 토박이가 사자 사냥에 나서 숲속으로 깊이 들어갔을 때, 뜻하지 않게 새끼 사자 두 마리와 마주치게 되었다. 그런데 새끼 사자들은 겁을 집어먹기는커녕 그에게 달려와서 어리광을 부렸다. 사냥꾼은 새끼들과 함께 그 자리에 머무르면서, 아비나 어미가 나타나길 기다리며, 준비해온 자신의 아침 식사를 새끼 사자들과 나눠 먹었다. 그때 암사자가 사냥꾼이 눈치 못 채게 와서, 사냥꾼은 총을 잡을 겨를도 없었다. 어쩌면 총을 손에 잡을 용기가 부족했는지도 몰랐다. 암사자는 제 새끼들한테 음식을 먹이고 있던 남자를 잠시 지켜본 뒤 사라졌다. 그리고 얼마 지나지 않아 양 한 마리를 입에 문 채로 되돌아

왔는데, 그 양을 사냥꾼의 발 앞에 내려놓았다. 이렇게 해서 무어인은 사자 가족과 한 식구가 되었고, 양고기를 실컷 먹을 기회를 갖게 되었다. 양의 가죽을 벗기고, 불을 피운 다음, 양의 일부는 불에 구우며 내장은 사자 새끼들에게 주었다. 또 이번에는 수사자가 왔다. 수사자는 무어인의 진심 어린 친절을 마치 존중이라도 하는 것처럼 어떠한 사나움도 내색하지 않았다. 이튿날, 가지고 온 식량도 다 떨어지자 사냥꾼은 돌아갈 준비를 하면서 다시는 어떠한 사자도 죽이지 않겠다고 다짐했다. 사자의 고귀한 아량을 충분히 확인했기 때문이었다. 그는 사자 가족을 떠나며 새끼들을 어루만지고 쓰다듬어줬다. 어미와 아비 사자는 숲을 무사히 빠져나갈 때까지 그를 바래다주었다.

52

탁월한 발견자

어느 날 친구와 함께 길을 가던 상인이 제 친구에게 내기를 걸었다. 5실링 동전 한 닢을 흙 속에 숨기면 자신의 개가 그 동전을 찾아내어 자기한테 가져올 것이라고 했다. 그 내기는 받아들여져서 동전에 표시를 한 다음 땅에 감췄다. 누 사람은 얼마큼 멀리 갔다. 상인이 자기 개한테 뭔가를 잃어버렸으니 그걸 찾아오라고 시켰다. 곧바로 개는 돌아갔고, 그 상인과 친구는 가던 길을 계속 갔다. 한편 작은 유람 마차를 타고 가던 한 여행자가 말이 동전이 숨겨져 있는 곳을 걷어차는 바람에, 그 동전을 발견하게 되었다. 그는 마차에서 내려 동전을 줍고는 여관으로 갔다. 개가 주인의 동전을 찾아 그 장소에 다다르자, 때마침 그 여행자가 막 동전을 주어 들고 있었다.

개는 마차를 뒤쫓아, 여관으로 갔다. 여행자의 호주머니 속에 든 동전 냄새를 맡은 개는 연거푸 그를 향해서 뛰어올랐다. 여행자는 그 개를 주인 잃은 개라고 생각했다. 또 개의 이러한 행동은 자기를 좋아해서 그러는 것이라고 여겼다. 개가 잘 생기기도 해서, 그는 개를 자기가 키워야겠다고 마음먹었다. 이윽고 여행자는 개에게 맛있는 음식을 주고 나서, 잠자러 갈 때도 개를 자신의 방으로 데려갔다. 그가 바지를 벗자마자 개는 그 바지를 덥석 물었다. 개가 바지를 갖고 장난치고 싶어한다고 생각한 그는 바지를 빼앗았다. 이번에 개가 문 쪽을 향해 짖어댔다. 여행자는 개가 밖으로 나가고 싶어서 그런다고 여겼다. 그래서 문을 열어주었다. 그런데 그때 개가 바지를 낚아채더니, 그대로 도망쳤다. 여행자는 나이트캡을 쓴 채로 부리나케 개를 쫓아갔다. 개는 전속력으로 달려서 제 주인집에 이르렀다. 개를 뒤따라온 낯선 사람은 개가 자신의 바지를 훔쳐 달아났다고 개를 나무랐다. 그러자 주인이 이렇게 대꾸했다.

"여보시오, 내 개는 매우 충직한 놈이라오. 만약 이놈이 당신 바지를 가지고 도망쳤다면, 그건 당신 바지 속에 남의 돈이 들어있기 때문이오."

그 말에 여행자는 더욱더 화를 냈다.

"진정하시오, 선생."

주인이 웃으며 대답했다.

"당신의 바지 안엔 당신이 길에서 주운 5실링짜리 동전이 분명히 있을 거요. 그 동전은 내 개가 되찾아 올 것을 알고 미리 내가 숨겨놓았던 것이오. 그래서 개가 당신 바지를 훔쳤던 거라오."

여행자는 상인의 말에 거짓이 없음을 확인했고, 동전을 건네주고 떠났다.

53

음악을 좋아하는 물개

물개들은 예민한 청각을 지녀서, 음악을 무척 좋아한다. 스피츠베르겐으로 항해 여행을 했던 어떤 신사가 말하길, 자기가 탄 배의 선장 아들이 바이올린 연주를 즐겼는데 그때마다 늘 수많은 청중들이 있었다고 한다. 그들은 다름 아닌 물개들이었다. 누구라도 갑판에서 연주를 할라치면 물개들이 몇 킬로미터나 그 배를 따라다녔다고 한다.

54

꾀 많은 사냥개 한 쌍

스털링 지역에 사는 어느 남자에겐 그레이하운드 한 마리와 포인터 한 마리가 있었다. 이 둘은 사냥을 좋아해서, 포인터가 산토끼를 찾아내면 그레이하운드가 그 산토끼를 잡곤 했다. 그런데 사냥철이 끝났을 때도 이 개들이 자기들끼리 사냥을 나가서, 재미 삼아 산토끼를 죽이곤 했다는 사실을 주인이 알게 됐다. 이 짓을 막기 위해 커다란 쇠고리가 달린 가죽 목걸이를 포인터 목에 채웠다. 쇠고리가 땅바닥에 끌려서 개가 달리거나 도랑 등을 뛰어넘지 못하게 하기 위해서였다. 하지만 이 개들은 번번이 둘이서 함께 들판으로 쏘다녔다. 어느 날 남자는 이래선 안

되겠다싶어 개들을 지켜보기로 했다. 개들이 주위에 아무런 낌새도 못 느끼자, 놀랍게도, 그레이하운드가 포인터 목에 매달린 쇠고리를 입에 문 채 그 둘은 언덕을 향해 출발했다. 그리곤 여느 때처럼 산토끼를 찾기 시작했다. 남자가 뒤쫓아 가서 보니까, 포인터가 토끼 냄새를 맡으면 그레이하운드가 쇠고리를 땅에 내려놓고, 포인터가 토끼 굴에서 토끼를 몰아내는 순간 그레이하운드는 토끼를 덮칠 준비를 취했다. 이렇게 사냥감을 잡고 나서 그레이하운드는 제 친구를 돕기 위해 변함없이 다시 돌아왔다.

55

누가 자기를 놀리는지 아는 코끼리

코끼리들은 누군가가 자기들을 놀림감으로 삼아 골려먹는 짓을 곧잘 알아차린다. 또 기회가 되면 자주 그 짓에 대한 앙갚음을 한다는 사실을 코끼리 사육사들은 잘 안다. 한 화가가 파리 소재의 동물원에서 코끼리를, 코는 위로 들어 올린 채 입은 쩍 벌린, 평소엔 좀처럼 볼 수 없는 모습을 그리고 싶어했다. 화가를 돕는 조수는 코끼리가 이런 자세를 취하도록 코끼리 입에 과일을 던져주었다. 그런데 이따금 가짜로 던지는 시늉만 하기도 했다. 여기에 화가 난 코끼리는 조수보다는 화가의 잘못이 더 크다고 여겼

는지, 화가 쪽으로 돌아서서, 자기를 실제 모습과 다르게 그리고 있는 화가의 그림에다 자기 코에 한껏 담긴 물을 뿜어댔다.

56

온순한 갈매기

몇 해 전 어떤 남자가 우연찮게 갈매기 한 마리를 잡았다. 그는 갈매기 날개를 자른 뒤 자기 집 정원에 풀어놓았다. 갈매기는 수년간 그 상태로 지냈으며, 집 가족들이 좋게 대해줘 부엌문에서 먹이를 주려고 부르면 달려올 만큼 친해졌다. 가족들은 이 갈매기를 윌리라고 불렀다. 윌리는 길이 잘 들어서 일부러 지키려고 수고할 필요는 없었다. 그런데 제 날개가 완전히 다 자라나게 되자 윌리는 바닷가의 다른 갈매기들 무리로 훌쩍 날아가 버렸다. 그리고 때때로 집으로 찾아왔다. 한편 철새 철을 맞아 제 친구들이 이 고장을 떠나면, 그 가족들이 섭섭하게도 윌리도 그들을 따라 떠나갔다. 또 아주 반갑게도, 이듬해 다시 돌아왔다. 여느 때와 마찬가지로 스스럼없이 옛 보금자리로 돌아온 윌리를 가족들은 반갑게 맞아주었다. 그리고 먹이도 맘껏 먹을 수 있도록 해주었다. 이런 식으로 윌리는 한해도 거르지 않고 숱한 세월 오고 가며 진심에서 우러난 태도로 친분을 이어나갔다. 이 고장에 머무는 동안 윌리는 거의 하루도 빼놓지 않고 그 가족을 찾아왔고, 애완용 동물처럼 제 이름을 불러주면서 손으로 건네주는 먹이를 받아먹곤 했다. 그런데 어느 해, 윌리가 영영 떠나기 전 무렵이었다. 갈매기 무리가 바닷가에 모습을 나타낸 지도 여드레나 열흘이 지났는데도 윌리는 가족을 찾아오지 않았다. 가족들은 윌리가 죽지 않았을까 조바심을 내며 큰 슬픔에 잠겼다. 그런데 놀랍기도 하고 한편 기쁘게도, 어느 날 아침 하인이 기뻐 어쩔 줄 몰라 하면서 거실로 뛰어들어왔다. 그리고 윌리가 돌아왔음을 알렸다. 온 가족이 아침을 들던 식탁에서 벌떡 일어나 윌리를 반겼다. 곧 윌리에게 충분한 음식이 주어졌다. 윌리는 여느 때와 마찬가지로 거리낌 없이 배불리 먹고 나서, 헛간 앞마당에 노니는 닭이나 오리처럼 집 주위를 돌아다녔다. 이로부터 일이 년 뒤에 이 고마워할 줄 아는 새는 영원히 다시 방문하지 않았다.

57

모성애

북극 탐험을 나섰던 배가 항해 중 유빙에 갇히게 되었다. 어느 날 아침, 돛대 꼭대기에서 망보던 선원은 곰 세 마리가 배 쪽을 향해 다가온나고 일렀다. 때마침 선원들은 빙판 위에서 고래 고기를 굽고 있었고, 곰들은 그 기름 냄새를 맡고 찾아온 게 틀림없었다. 어미 곰과 새끼 곰 두 마리였는데, 새끼들은 몸집이 거의 제 어미만큼 컸다. 얼마 뒤 곰들은 불 피운 곳으로 열심히 뛰어와선, 선원들이 먹다가 남긴 살점을 골라내어 게걸스럽게 먹었다. 선원들은 그때까지 빙판 위에 남겨놓았던 큰 고깃덩이를 몇 개 던져주었다. 그랬더니 어미 곰만 홀로 와서 그것들을 멀찍이 가져갔다. 또 가져갈 때마다 고깃덩이를 번번이 제 새끼들 앞에 놓고 각자의 몫으로 나눠줬다. 그렇지만 어미 곰은 제 몫으로는 작은 양만 챙겼다. 이렇게 어미 곰이 마지막 고깃덩이를 가져갈 때, 선원들은 새끼 곰들한테 총을 쏘아 죽였다. 어미에게도 총상을 입혔지만 치명상은 아니었다. 아무리 무정한 사람일지라도, 이 가엾은 짐승이 숨을 거두려고 하는 제 새끼들을 그 죽는 순간까지 애정을 기울이는 모습을 봤다면 연민의 눈물을 흘리지 않을 수 없었으리라. 큰 부상을 당했지만 어미 곰은 가져온 고깃덩이를 입에 문 채 제 새끼들이 쓰러져 있는 곳까지 기어갔다. 그리고 고깃덩이를 잘게 찢어 제 새끼들 앞에 놓았다. 하지만 새끼 곰들은 먹으려 하지 않았다. 어미는 한 놈에게, 그리고 또 다른 한 놈에게 앞발을 갖다 대며 일으켜 세우려고 애를 썼다. 그와 동시에 너무도 참담한 울음소리를 냈다. 마침내 새끼들이 미동도 하지 않는다는 사실을 알아차리고 어미 곰은 그곳을 떠났다. 그런데 얼마쯤 갔다가, 다시 뒤를 돌아보고 어미 곰은 울부싯었다. 이렇게 했는데도 아무 보람도 없이, 새끼들은 어미를 따라오지 않았다. 그러자 어미는 되돌아가선 새끼들 주위에 냄새를 맡더니 제 새끼들의 상처를 핥기 시작했다. 두 번째로 어미는 출발했다. 또 몇 걸음 기어가더니, 다시 뒤돌아보며 어미 곰은 잠시 동안 울부짖으며 서 있었다. 하지만 이번에도 새끼들이 일어나 자기를 따라오지 않자 어미는 되돌아갔다.

어미는 말로 이루 다 형언할 수 없는 애정을 내보이며 새끼들을 맴돌면서, 앞발로 자꾸만 새끼들을 만지작거렸다. 결국 제 새끼들이 생명을 잃고 싸늘해졌다는 사실을 받아들인 어미 곰은 저 배 쪽을 향해 머리를 쳐들고서 파괴자들한테 저주를 퍼붓듯 으르렁거렸다. 여기에 선원들은 일제사격의 총소리로 응수했다. 어미 곰은 새끼들 사이에 쓰러졌고, 제 새끼들의 상처를 핥으며 죽어갔다.

58

사냥개 노릇을 하는 돼지

가늘고 긴 다리를 가진, 뉴포리스트종 중에서도 가장 못생긴 품종인 어느 암돼지는 아주 어렸을 때부터 이웃한 사유지의 사냥터지기가 기르는 포인터 강아지들을 유달리 좋아했다. 그래서 그 강아지들과 함께 놀았으며 이따금 밥도 같이 먹곤 했다. 이러한 일을 겪게 되자 사냥터지기는 돼지처럼 고집불통인 개들을 많이 길러봤던 터라 이 돼지도 어쩌면 길들일 수 있겠다싶었다. 이 작은 돼지는 가끔씩 포인터 강아지들과 함께 집에서 먼 곳까지 가곤 했는데, 사냥터지기는 보릿가루로 만든 푸딩을 한쪽 주머니에 넣고 다니며 이 돼지를 더 멀리 유인했다. 또 다른

쪽 주머니에는 돌을 잔뜩 채워서 돼지가 잘못 행동할 때마다 그 돌을 집어던졌다. 그 이유는 개를 다룰 때와 똑같은 방법으로는 돼지의 행동을 바로잡을 수 없었기 때문이다. 그는 돼지를 길들이는 방법을 터득했고, 곧 이러한 상벌 방식으로 돼지를 자기가 원하는 바대로 가르쳤다. 사냥터지기는 자주 이 암돼지를 데리고 나갔다. 그러면 암돼지는 포인터처럼 정식으로 자기가 맡은 구역을 이리저리 뛰어다니고, 사냥감에 가까이— 뛰어난 후각을 지녔기에— 다가갔을 땐 멈춰 서면서, 여느 포인터보다 훌륭하게 다른 개들을 후방 지원했다. 암돼지는 사냥감의 희미한 냄새를 맡으면 빠른 걸음을 늦췄다. 그리고 천천히 귀와 꼬리를 수그러뜨리고, 어떤 확신감이

들 때는 무릎을 꿇고 앉았다. 이 돼지는 어찌나 제가 맡은 일에 철두철미한지, 사냥감의 방향을 가리킨 채 오 분이나 또는 그 이상을 줄곧 앉아 있기도 했다. 그런데 사냥감이 보이기 시작하자마자 암퇘지는 사냥꾼지기한테로 되돌아가선 지금 당장 푸딩을 내놓으란 듯이 시끄럽게 꿀꿀거렸다.

59

뱀한테 홀린 아이

세 살배기 한 여자 아이가 엄마한테 얻은 빵을 갖고, 집에서 꽤 멀리 떨어진 곳으로 가곤 하는 모습이 며칠이나 거듭 목격되었다. 아이 엄마는 이 일을 이상하게 여겼다. 그래서 남편에게 어디 한번 아이를 따라가서 빵으로 뭘 하는지 지켜보라고 시켰다. 아빠가 아이를 쫓아가보니, 아이는 방울뱀의 일종인, 일명 노랑머리라 불리는 뱀 몇 마리에게 빵을 먹이려 하고 있었다. 아빠는 당장 딸을 데리고 집으로 갔다. 그리고 총을 가지고 그곳으로 되돌아가선, 총 한 발로 뱀 두 마리를 쏴 죽였다. 또 며칠 뒤에 다른 뱀 한 마리를 죽였다. 그런데 아이는 다시

그리로 가선 이들 파충류를 무슨 병아리 이름을 부르듯이 불렀다. 아빠는 아이한테 이 짓을 그만두지 않는다면 뱀들이 물 거라고 타일렀다. 하지만 아이는 이렇게 대꾸했다.

"아니에요, 아빠. 이 뱀들은 나를 물지 않아요. 내가 주는 빵만 먹을 뿐이라구요."

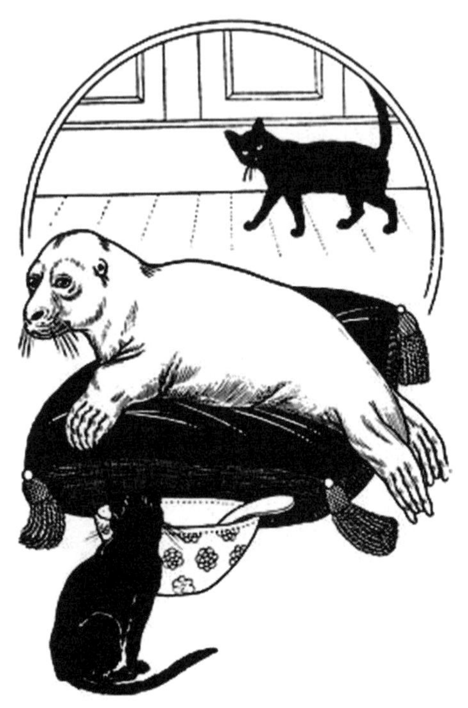

60

잘 길든 물개

예전에 어떤 남자가 물개를 길들이는데 성공했다. 물개는 개가 지닌 총명함 그 자체를 보여줬고, 주인과 함께 한집에서 살면서 주인이 손으로 건네주는 먹이를 받아먹었다. 그 주인은 평소에 소풍 삼아 낚시를 하러 갈 때면 이 물개도 데려갔다. 그때마다 물개는 적잖은 즐거움을 주곤 했다. 또 물에 빠뜨리면 몇 킬로미터고 보트의 자취를 쫓아왔다. 노로 떼밀어도 포기하지 않고 끝까지 따라왔다. 자기가 앉았던 원래 자리를 되찾기 위해 그토록 애쓰는 모습을 보면, 물개의 제 주인을 향한 애정은 그 타고난 본성조차 이겨냈음을 짐작할 수 있었다.

61

보복

공원에서 백조 무리 가운데 어느 한 마리가 물을 마시고 있던 새끼 사슴한테 갑자기 덤벼들어, 물속으로 끌고 들어가더니 끝내 익사시키고 말았다. 이 잔학한 행동을 공원에 있던 나른 사슴들이 지켜보았고, 그 보복이 가해지는 데는 그리 오래 걸리지 않았다. 얼마 뒤 여태껏 사슴에게 해코지라곤 당해 본 적 없었던 그 백조가 무리에서 떨어져 나와 땅에 혼자 서 있었을 때, 한 떼의 사슴이 맹렬히 공격했다. 사슴들은 저 가해자를 에워싸고 곧바로 죽여 버렸다.

N
E
W
S

62

신참 떼까마귀

영국 북부의 어느 큰 도시에 새로 온 떼까마귀 한 쌍이 증권거래소에서 얼마 떨어지지 않은 떼까마귀 군거지에다 둥지를 틀려다가 실패했다. 나중엔 아예 그럴 마음을 접고 한 빌딩의 뾰족탑 위에 거처를 마련했다. 비록 다른 떼까마귀들한테서 끊임없이 괴롭힘을 받았지만, 이 부부는 풍신기 꼭대기에 보금자리를 짓고는 그들 아래 있는 하층 사회의 소음에 방해받지 않으며 그곳에서 새끼들을 길렀다. 물론 바람의 방향이 바뀔 때마다 둥지와 떼까마귀 한 가족은 다 같이 이리저리 흔들렸지만 그들은 저 한곳에서 십 년 동안 둥지를 틀었다. 그 뒤에 얼마 지나지 않아 뾰족탑은 헐리게 되었다.

63

기묘한 양어머니

스코틀랜드의 어느 사유지에 사는 테리어개가 새끼들을 낳았다. 하지만 낳자마자 새끼들은 곧바로 빼앗겨서 익사 당했다. 이 가엾은 어미는 깊은 슬픔에 잠겼다. 그렇게 몇 주가 지나고, 이 테리어개는 우연찮게 새끼 오리들을 보게 되었는데, 그 즉시 새끼 오리들을 물어 자신의 보금자리로 데려갔다. 그리고 그곳에서 새끼 오리들을 기르며, 더할 나위 없는 정성을 기울여 안팎을 가리지 않고 새끼 오리들을 따라다녔다. 어미 개는 애정으로 노심초사하며, 제 방식대로 새끼 오리들을 돌보았다. 새끼 오리들이 타고난 본능에 따라 물로 들어갈 때면, 이 양어머니는 몹시 놀라서 어쩔 줄 몰라 했다. 새끼 오리들이 땅으로 다시 올라오기 무섭게, 낚아채듯이 입에 물고 집으로 달려갔다. 이러한 일보다 더 특이한 것은, 지난해에 새끼 강아지들을 빼앗겼을 때도 이 어미 개는 수평아리 두 마리를 물어다 데려와서는 지금 가족들에게 하듯이 애정을 다하여 키웠었다는 사실이다. 수평아리들이 꼬끼오 하고 제 소리를 내려고 하면, 이 양어머니는 새끼 오리들의 수영을 걱정하듯 애간장을 태우며 번번이 닭 홰치는 소리를 내지 못하도록 막았었다.

64

양치기의 개

양치기 시인인 제임스 호그에겐 시러란 이름의 개가 있었다. 시러는 수년간 저 양치기의 유일한 친구였다. 그가 말하길, 시러는 무뚝뚝한 태도와 밉상 맞은 용모를 지녔음에도 지금껏 자기가 봤던 개 중에서 최고의 개라고 했다. 그가 시러를 맨 처음 본 것은, 밧줄에 묶여서 굶주리고 비쩍 마른 모습으로 가축상한테 끌려가고 있을 때였다. 그때를 떠올리며 호그는 이렇게 말했다.

"난 그 개의 얼굴에서 뭔가 진중한 총기를 엿봤지. 그래서 가축상에게 일 기니를 주고 그놈을 샀어. 일 기니를 그렇게 가치 있게 더 잘 쓸 수는 없었을

거야. 그놈은 한 살이 채 안 되었고, 가축 몰이라곤 전혀 몰랐어. 하지만 자기가 해야 할 일이란 걸 알게 되자마자 정말 열심히 배워나갔지. 난 그 일을 결코 잊지 못할 거야. 그놈은 내가 뭘 시키는지 알아내려고 온갖 애를 다 썼고, 일단 나의 지시를 이해하면 다시 잊거나 실수하는 법은 없었지."

한번은 호그가 맡아 돌보는 700마리쯤 되는 양들이 한밤중에 우리를 탈출하여 세 갈래로 나뉘어서 언덕을 타고 부리나케 달아났다. 양치기와 그를 돕는 조수 소년이 양들을 모으려고 아무리 노력해도 헛일이었다. 양치기는 너무도 괴로워하며 이렇게 울부짖었다.

"시러야, 어쩌면 좋으냐. 양들이 다 달아나버렸어."

그날 밤은 몹시도 캄캄해서 양치기는 시러의 모습도 볼 수 없었다. 그런데 이 충직한 개는 제 주인의 말을 듣고 아무런 망설임도 없이 양떼를 찾아 떠났다. 양치기와 조수 소년은 밤새도록 양을 찾아 이 언덕 저 언덕을 헤매고 돌아다녔다. 하지만 양의 무리나 시러의 그 어떤 사소한 흔적도 찾아볼 수 없었다. 그때를 회상하며 양치기는 이렇게 말했다.

"어떻게 손쓸 방법이 없었어, 양 주인한테 돌아가서 양떼를 모조리 잃어버렸다고 알리는 것밖에는. 그런데 집으로 되돌아가는 길에, 깊은 산골짜기 계곡 아래서 한 무리의 양떼를 찾아냈지. 시러가 그 양떼 앞에 서서 도움의 손길을 기다리며 주위를 두리번거리고 있었어. 우리는 그 양떼가 달아난

무리의 일부라고 생각했지. 이러한 난처한 상황에 처할 때까지 시리가 이럭저럭 몰아올 수 있었던 그 일부라고 말이야. 그런데 깜짝 놀라게도, 찬찬히 살펴보니 양을 한 마리도 잃어버리지 않았던 거야! 어떻게 그 깜깜한 어둠 속에서 양떼를 죄다 몰아올 수 있었는지 도무지 이해가 안 돼. 그날 아침 나의 믿음직한 시리에게 느꼈던 그 고마움이란, 여태껏 태양 아래 어떤 동물에게서도 느껴본 적 없었어."

65

건초 도둑

예전에 한 경관이 런던 치안판사에게 어떤 말을 건초 절도로 고소했다. 그 고소 내용은 이랬다. 이 말이 매일 밤 세인트조지에 있는 마차 정거장에 아무 사람도 동반하지 않은 채 와선, 상습적으로 건초를 제멋대로 실컷 먹고 나서 달아난다는 것이었다. 또 이 말은 자기를 붙잡으려고 하는 행정구역의 모든 경찰들에게 대들었다. 말이 건초를 먹고 있을 때, 경찰들이 가까이 다가가려고 하면 말은 뒷발굽을 들어 올려 걷어차려고 하거나 덤벼들었다. 게다가 경찰들이 뒤로 물러서지 않으면 물어뜯으려고도 했다. 그리하여 경관은 경범죄 재판소에 이 사건을 기소하는 것이 나름 최선의 방법이라고 생각했다. 그런데 재판소에서 한 치안판사는 경관에게 이렇게 말했다.

"이거야, 원. 경관, 또다시 이 동물이 당신의 공무집행을 방해한다면, 가능한 한 체포해서 피고인 진술을 위해 이리로 데려오시오."

66

가축 무리를 시장으로 몰고 가기

정육점 주인을 겸한 어느 가축 도매상한테 개가 한 마리 있었다. 그는 자기 집에서 십 킬로미터쯤 떨어진 읍내 시장으로 가축을 팔러갈 때면 늘 이 개를 데리고 다녔다. 그런데 이 개는 가축을 돌보는데 보통 솜씨가 아니었다. 어느 날 주인은 제 개가 충직할뿐더러 총명하다고 확신한 나머지, 일정한 수의 양과 황소를 이 개한테 맡겨 홀로 시장으로 몰고 가게 하겠다는 내기를 걸었다. 한 가지, 그가 이 내기에 단 조건은 이랬다. 개가 보거나 들을 수 있는 범위 안에 이 개한테 어떤 작은 영향이라도 끼칠 수 있는 사람은 그 누구도 들어와선 안 된다는 것이었다.

그래서 어떤 구경꾼도 훼방 놓지 못하게끔 400미터 안에 들어오지 못하게 했다. 내기가 시작되는 날, 개는 아주 능란하고 침착한 태도로 제가 맡은 일을 처리해나갔다. 어떤 때엔 풀을 뜯고 있는 가축 떼 사이로 자신의 가축 무리를 몰고 지나가야 할 경우도 있었다. 하지만 개는 제가 맡은 가축을 한 마리도 잃지 않으며 주인과 함께했던 그 길을 따라 그 가축들의 인수자 집 앞까지 몰고 갔다. 그리고는 컹컹 짖어대며 확실히 넘겨주었다. 무엇보다 돋보이는 이 개의 총명함은 다음과 같은 사실에서 두드러졌다. 개가 가축 무리를 몰고 갈 때 그 길에 다른 가축 떼가 풀을 뜯고 있으면, 곧 개는 앞으로 달려나가선 제 가축 무리를 멈추게 하고는 다른 가축들을 길 양편으로 몰아냈다. 그런 다음 흩어진 제 가축들을 모으고 나서 그곳을 지나갔다는 사실이다. 이 내기 이후에도 주인은 몇 번이나 재미 삼아서, 또 자기 편하자고, 이런 식으로 개 혼자서 가축들을 몰고 가게 했다. 그때마다 개는 매번 능수능란하게 제가 맡은 일을 해냈다.

67

사자와 사육사

유럽 대륙의 어느 이동 동물원에 당코라는 이름의 수사자가 있었다. 한번은 사자 우리에 수리할 일이 생겨, 사육사는 목수한테 그 일을 맡겼다. 목수가 와서 그 사자를 보자 무서움에 떨며 뒷걸음쳤다. 사육사는 우리로 들어가서 사자를 그 위쪽 장소로 데려갔다. 그 동안에 목수는 우리 아래쪽을 수리했다. 그런데 사육사가 그곳에서 얼마간 사자와 장난치며 놀다가 피곤하기도 해서 깜박 잠들고 말았다. 목수는 사육사가 사자를 잘 감시하고 있겠거니 마음을 푹 놓고 잽싸게 일을 해나갔다. 이윽고 일을 마치고 나자, 목수는 일처리가 어떤지 봐달라고 사육사를 불렀다. 그러나 사육사에게선 아무런 대꾸도 없었다.

연거푸 불러도 아무 소용없자 목수는 슬슬 자기 신변에 위험을 느끼기 시작했고, 우리 위쪽으로 어디 한 번 가보기로 마음먹었다. 그리로 가서 목수가 철책 난간을 통해 보니까 사자와 사육사가 나란히 누워 자고 있었다. 그 모습을 보자 목수는 큰 소리를 질렀다. 이 소리에 잠이 깬 사자는 벌떡 일어나서 이글거리는 눈으로 목수를 노려봤다. 그러더니 앞발을 사육사의 가슴에 얹어놓고는, 또다시 잠을 청하려고 누웠다. 마침내 몇몇 조수들이 와서 깨워서야 사육사는 일어났다. 하지만 사육사는 자기가 처한 상황이 전혀 대수롭지 않다는 듯이 아무 내색도 하지 않았다. 그리고 사자의 앞발을 잡고 흔들어 사자를 깨운 다음 먼젓번에 있던 곳으로 상냥히 사자를 데려갔다.

68

확고부동한 충성심

마스티프와 불도그 중간쯤 되는 품종의 어떤 개가 있었다. 이 개의 주인은 굴뚝청소부였는데, 그는 이 개한테 검댕 자루에 앉아 있으라고 명령하곤 했다. 그런데 한번은 개 주인이 그 자루를 무심코, 영국 남부 어느 도시 좁은 뒷거리의 한복판에다 놓아두었다. 그 길을 짐마차가 지나가야 했고, 마부는 개한테 길을 비키도록 시켰다. 하지만 개가 들은 체 만 체 검댕 자루에 앉아서 줄곧 꼼짝도 하지 않았다. 그러자 마부는 개를 야단치고 급기야 폭력을 쓰기도 했다. 처음엔 약하게 때렸지만 나중엔 마차 채찍을 휘둘렀다. 그래도 헛수고가 되자, 마부는 마차로 개를 깔아뭉개겠다고 저주를 퍼부었다. 또 실제로 그렇게 했다. 이 우직한 짐승은 마차 바퀴를 물어뜯으며 어떻게든 멈춰 세우려고 애썼다. 하지만 끝내 마차에 깔려 뼈가 으스러져서 죽고 말았다.

69

길들인 산토끼

산토끼는 집에서 길들일 수 있는 짐승이 아니다. 하지만 다음 일화는 그러한 본보기다. 이 산토끼는 손으로 건네는 먹이를 받아먹을 만큼 사람에게 익숙했다. 그리고 거실 의자 밑에 눕는다든지, 그밖에 모든 면에서 마치 애완용의 작은 개처럼 그 처지가 느긋하고 안락했다. 또 때때로 정원으로 나가곤 했지만, 신선한 바깥공기를 즐겁게 쐬고는 자기에게 딱 맞는 거처인 집으로 언제나 되돌아왔다. 이 산토끼는 그레이하운드와 스패니얼을 친구로 두었는데, 이 셋은 밤마다 난롯가에서 함께 놀며 다 같이 자기도 하면서 시간을 보냈다. 그런데 한 가지 특이한 사실은

그레이하운드와 스패니얼은 그 둘 다 산토끼 사냥을 몹시도 좋아해서, 아무 사람도 동반하지 않은 채 그들끼리 자주 사냥을 나가곤 했다는 것이다. 이 둘은 익히 알려진 바대로 토끼잡이에는 그야말로 '찰떡궁합'이었다. 한편, 예전에 어떤 여행자가 산토끼 새끼를 집으로 데려와서는, 소파와 침대에서 깡충 깡충 뛰어다닐 정도로 아주 친하게 키웠다. 그랬더니 이 토끼는 앞발로 제 주인을 톡톡 건드리기도 했고, 어떤 때 주인이 독서 중이면 마치 귀염둥이 아이가 하듯 자기를 쳐다봐달라고 그 손에 쥔 책을 툭 쳐서 떨어뜨렸다고 한다.

70

고마움에 대한 보답

한 신사가 자기가 좋아하는 개를 잘 돌봐주라고 하인들에게 맡긴 채 여행을 떠났다. 하지만 하인들의 소홀로 굶주리게 된 개는 이따금 주인과 함께 방문하곤 했던 제 주인의 친구 집 부엌에서 많은 신세를 지곤 했다. 이윽고 주인이 돌아오자 개는 제 집에서 배불리 먹을 수 있게 되었고, 더는 그 친구 집 부엌에서 얻어먹지 않아도 되었다. 그런데 개는 자기 형편이 안 좋을 때 호의로써 맞아준 그 부엌을 잊을 수 없었다. 며칠이 흐른 뒤, 개는 우연찮게 오리 한 마리와 맞닥뜨리게 되었다. 그 장소가 개인 소유의 연못이 아니었기에, 개는 이 오리를 남의 집에서 키우는 오리라고 생각하지 않았다. 그래서 낚아채어 이빨로 물고는, 일전에 자기를 후하게 대접해준 부엌으로 가져갔다. 그리고 오리를 요리사의 발 앞에 놓아두고 나선, 그동안 베풀어준 은혜에 고마운 마음을 전했다는 사실에 스스로 만족하며 급히 사라졌다.

71

손니니와 고양이

엠 손니니*가 이집트에 머물 때 아주 애지중지하는 앙고라 고양이가 있었다. 그 고양이는 윤나는 길고 하얀 털로 덮여 있었다. 특히 그 꼬리엔 깃털 모양으로 멋있게 생긴 관모가 달렸는데, 그것을 제 마음이 내킬 때마다 몸 위로 들어 올리곤 했다. 또 눈부신 흰 털의 온몸에는 얼룩진 자리는커녕 단 하나의 반점도 찾아볼 수 없었고, 코와 입은 우아한 장미 빛깔이었다. 커다란 두 눈이 둥그런 머리에서 초롱초롱하게 빛을 냈는데, 한쪽 눈의 색깔은 연한 노랑

*엠 손니니—「이집트 여행기」의 작가, 편집자 주—

이었고 다른 쪽 눈은 선명한 푸른 빛깔이었다. 이 아름다운 동물은 몸가짐과 거동의 우아함보다는 그 태도의 훌륭함을 훨씬 많이 지녔었다. 어떤 사람이 자기한테 못되게 굴어도 이 고양이는 감춰진 발톱을 드러내 보이려고도 하지 않았다. 그렇지만 자기에게 친절히 대하면 고양이는 그걸 알아보았고, 자신을 어루만지는 사람의 손을 핥아주기도 했다. 심시어 자기를 괴롭힌 사람한테도 그렇게 했다. 손니니가 외로이 있을 때 고양이는 대개 그의 곁을 지켰다. 그가 일을 하거나 명상을 하는 그 도중에도 고양이는 몸을 마구 비벼댐으로써 그를 종종 방해하기도 했다. 그리고 산책길에는 거의 그를 따라나섰다. 게다가 그가 자리를 비운 동안 고양이는 쉴 새 없이 그를 찾으며 불러댔다. 이윽고 고양이는 멀리서 들리는 그의 목소리를 알아채고는, 매번 처음 만나는 것처럼 한층 커진 기쁨으로 그를 반겼다. 언젠가 손니니는 이렇게 말했다.

"이 고양이는 몇 년간 나에게 최고의 즐거움을 줬지. 이놈 얼굴에 나타나는 그 애정 어린 표정이라니! 그 얼마나 자주 나는 이놈의 애무 덕에 근심을 잊고, 또 내가 처한 불행에 위로 받았던가! 하지만 이 아름답고 재미있는 내 친구는 끝내 죽고 말았어. 난 며칠을 괴로워하며 그놈에 대한 생각을 떨쳐버리지 못했지. 그놈의 눈이 늘 나한테 아른거렸다가, 이윽고 사라져버렸어. 그리고 그놈을 잃은 상실감이 줄곧 내 마음에 머물러 있었지."

72

먹고 죽은 귀신은 때깔도 곱다

제 주인한테서 여러 가지 임무를 해낼 수 있도록 훈련 받은 프렌치 불도그가 있었다. 그 임무들 중엔 레스토랑에 가서 바구니로 음식을 주인에게 가져오는 일도 있었다. 어느 날 저녁 불도그가 음식 바구니를 입에 물고 주인에게 되돌아가는 중이었는데, 그 바구니에서 나는 맛있는 냄새에 이끌린 다른 개 두 마리가 쫓아와서 공격하려고 했다. 불도그는 바구니를 땅바닥에 내려놓고 나서, 자기한테 덤벼드는 첫 번째 개와 용감하게 맞붙었다. 그런데 그 사이에 다른 개 한 마리가 바구니에 달려들어 마구 먹어대기 시작했다. 마침내 제 주인의 저녁을 지키기 위해,

두 마리 개를 상대로 싸워서는 승산이 없다고 생각한 불도그는, 체면이고 뭐고 간에 그 두 적 사이로 뛰어들어 남아 있는 음식을 잽싸게 먹어치웠다. 그리고 나서 빈 바구니를 물고 제 주인에게 돌아갔다.

73

늙은 말 공양하기

프랑스 연대 기병부대에서 있었던 일이다. 어떤 말이 건초도 씹지 못하고 귀리도 으깨어 먹지 못할 만큼 아주 나이 들게 되었다. 그래서 한 대위가 제 동료 소유의 그 늙은 말 왼편과 오른편에 말 두 마리를 두 달간 배치하여, 늙은 말의 식사 수발을 거들도록 했다. 이 두 마리의 말은 꼴 시렁에서 건초를 꺼내어서, 꼭꼭 씹은 다음, 그것을 늙은 말 앞에 놓아두었다. 또 귀리도 그 같은 방법으로 해서, 늙은 말이 먹을 수 있게끔 도왔다.

74

조개껍질 열기

어떤 유명한 여행가는 사고력이나 창의성에서 대단히 놀랄 만한 능력을 보여주는, 야생 오랑우탄의 사례를 이야기했다. 산에서 과일들을 더는 구할 수 없게 되면, 오랑우탄들은 자주 해안가로 내려가서 여러 가지 종류의 조개와 갑각류를 먹곤 한다. 그런데 해변에서 흔히 입을 쩍 벌린 채 있는 대형 크기의 어패류를 먹을 때는, 혹시나 그 조개가 자기 손을 꽉 물어버릴까 봐 꽤나 몸을 사린다고 한다. 그래서 조개껍질 안으로 쐐기 구실을 하는 돌을 집어넣어서, 껍질이 닫히지 않게 한 다음 그 속살을 느긋하게 빼어 먹는다고 한다.

75

분업

고산 지대의 마멋들은 집을 지을 때면 다 함께 협력하여 그 재료를 모은다고 한다. 몇 마리는 풀을 끊고, 또 몇 마리는 그 풀들을 모아 더미로 쌓는다. 어떤 마멋은 그것들을 굴로 나르는 수레 구실을 하고 다른 마멋들은 그 수레를 끄는 말 노릇을 하기도 한다. 특히 흥미로운 사실은 마지막에 언급한 두 무리의 행동이다. 수레 구실을 맡은 마멋은 엎드려서 팔다리를 가능한 한 넓게 벌린 채 그 등에 풀을 싣게 한다. 말 노릇을 하는 마멋들은 수레 마멋이 뒤집혀지지 않도록 그 꼬리를 잡아끌고 간다. 수레 구실은 어느 마멋이나 꺼리는 일이므로 다들 번갈아가며 맡는다.

76

게잡이

다음 일화는 아주 남다른 꾀를 자랑하는 너구리 이야기다. 너구리는 게를 좋아하는데, 그 먹잇감을 찾을 때는 늪가에 서서 제 꼬리를 물속으로 걸쳐놓는다. 그러면 게는 그 꼬리를 먹이로 잘못 알고 집게로 문다. 그때를 놓치지 않고 너구리는 제 꼬리를 휙 잡아당겨서 게를 물 밖으로 꺼낸다. 그리고 물가에서 조금 떨어진 곳으로 게를 가지고 가선, 집게에 물리지 않도록 조심하며 게를 그 옆구리 쪽부터 깨물어 먹는다.

77

대단한 충직성

마스티프종의 어떤 개가 있었는데, 그 개는 제 주인보다 이웃의 보살핌에 더 큰 신세를 졌다. 그런데 한번은 그 개가 이웃 은인의 식료품 창고에 실수로 하루 종일 갇히게 되었다. 그 창고엔 개의 바로 코앞에 우유며 버터, 빵과 고기 등등이 가득 차 있었다. 이윽고 한 가정부가 창고로 돌아와선, 개가 나가는 모습을 봤다. 가정부는 개가 창고에 갇혀 있던 시간을 헤아려본 뒤, 자신의 부주의로 벌어졌을 참사에 와들와들 온몸을 떨었다. 하지만 찬찬히 살펴보자 개는 창고 안의 어떤 음식도 건드리지 않았고, 그 대신 창고 밖으로 나오자마자 자기한테 던져진 뼈다귀를 걸신들린 듯 먹기 시작했다.

78

뱀의 천적

인디언 몽구스는 족제비와 몽구스를 중간쯤 섞어 놓은 듯한 생김새의 짐승인데, 이 짐승의 뱀에 대한 뿌리 깊은 원한을 원주민들은 아주 잘 활용했다. 만약 그렇지 않았다면 여행객은 매 발걸음마다 위험에 처했을지도 모른다. 이 자그마한 동물은 탁 트인 장소— 만약 독사에게 물려도, 인디언 몽구스는 어떤 풀이 뱀의 독을 해독할 수 있는 약초인지 본능적으로 알기에 즉시 그리로 달려갈 수 있는— 에서 크나큰 독사와 만나면 곧바로 그 뱀에 올라타서 목을 물어버린다. 실론 섬을 방문한 한 남자가 폐쇄된 방에서 인디언 몽구스와 뱀을 함께 놓아두는 실험을 했다. 그런데 이때 인디언 몽구스는 뱀을 공격하지 않고 사력을 다해 뱀을 피해 다녔다. 하지만 그 방에서 농장으로 데려와 적수와 맞부딪치게 하자마자 몽구스는 뱀한테 달려들어 죽였다. 그리고 나서 갑자기 잠시 사라졌다가, 해독하는 약초를 찾아 먹고는 곧 다시 나타났다.

79

음악을 좋아하는 생쥐

한 미국인 신사가 이런 이야기를 들려줬다.

“어느 비 오는 겨울밤이었는데, 침실에 혼자 있던 나는 플루트를 꺼내 들고 불기 시작했지. 그런데 얼마 지나지 않아서 생쥐 한 마리가 쥐구멍에서 기어 나오더니, 내가 앉아 있는 의자 쪽으로 슬금슬금 다가오고 있잖겠어. 난 연주를 멈췄지. 그러자 그놈이 쥐구멍으로 냅다 달아나는 거야. 잠시 뒤 나는 연주를 다시 했고, 그랬더니 아주 놀랍게도 그 생쥐가 도로 나타나서 먼젓번처럼 행동하는 거야. 그 작은 놈이 어찌나 깜찍하던지. 마루에 웅크린 채 눈을 감고 내 연주에 푹 빠져 있는 모습이었어. 또 내가 연주를

멈추니까 이번에도 쏙 사라지는 거야. 이러한 실험을 몇 차례 되풀이했지만 그때마다 똑같았지. 음악을 느리고 애잔하게도, 활기차고 밝게도, 이렇게도 저렇게도 연주해보았는데 거기에 맞춰 제각각의 반응을 보여줬어. 이윽고 이 생쥐는 떠나갔고, 그 이후로는 내가 어떤 연주를 해도 그놈을 다시 불러내지 못했어.”

80

원숭이 대 뱀

인도 원숭이들은 본능적으로 뱀의 위험성을 잘 알고 있다. 그래서 뱀을 죽일 때도 결코 방심하는 법이 없다. 이를테면, 잠든 뱀을 발견하면 그 목을 잡고 납작한 돌을 찾아 가장 가까운 곳으로 달려간다. 그리고 돌로 뱀의 머리를 내리쳐서 으깬다. 또 때때로 그 으깨지는 모습을 지켜보며 히죽거리기도 한다. 뱀의 치명적인 독니가 제거되었다는 확신이 들면 그 뱀을 제 새끼들에게 던져주어 가지고 놀게 한다. 이런 식으로 원숭이들은 그들 공동의 적을 해치우는 일을 즐기는 듯했다.

81

구조 요청

한 무리의 선원들이 배에서 쓸 나무를 베기 위해 인도 해안가로 보내졌다. 그런데 그들 가운데 한 명이 무리에서 떨어져 나와 딴 길로 들어섰다가 그만 커다란 암사자와 만나게 되었다. 그 암사자가 자기 쪽으로 걸어오자 선원은 너무나 놀랐다. 그런데 암사자는 가까이 다가와선 선원의 발 앞에 앉더니, 처음엔 선원을 몹시 간절한 눈으로 쳐다본 뒤 조금 떨어진 곳에 있는 어떤 나무로 그 눈길을 돌렸다. 이렇게 몇 차례 선원과 나무를 번갈아 쳐다보고 나서 암사자는 일어났다. 그리고 그 나무를 향해서 걸어가며 선원이 자기를 따라오길 바라는지 거듭 뒤돌아봤다. 마침내 선원은 위험을 무릅쓴 채 거기로 가보았다. 그러자 몹시 큰 덩치의 비비 한 마리가 암사자의 새끼로 보이는 두 마리를 양팔에 껴안고 있는 모습이 보였다. 암사자는 고양이처럼 웅크리고 앉아서 제 새끼들한테서 눈을 뗄 줄 몰랐다. 선원은 나무에 오르기가 겁나서, 나무를 베어 넘어뜨리기로 마음먹고 그가 가지고 있던 도끼로 열심히 나무를 패기 시작했다. 그 모습을 암사자는 유심히 지켜보았다. 이윽고 나무가 쓰러지자 암사자는 비비에게 달려들어 갈가리 물어뜯어 죽인 다음에, 제 새끼들을 돌아보고 얼마 동안 핥아주었다. 그런 뒤 암사자는 고마움을 전하려는 뜻에선지 자기 머리를 선원한테 아주 기분 좋게 부비고 선원 주위를 돌면서 꼬리를 흔들어댔다. 이후에 암사자는 새끼들을 한 마리씩 데리고 떠났고, 선원도 배로 돌아갔다.

82

싸우기 좋아하는 원숭이들 무리

인도에 있는 촌락 빈드라분드는 신앙심 깊은 힌두교도들에겐 성지로 추앙받는 곳으로, 이곳으로 인도인들은 아주 멀리에서도 즐겨 순례를 오곤 한다. 이 도시를 작은 숲들이 에워싸고 있는데, 그 숲엔 수많은 원숭이들이 살았다. 인도인들은 원숭이 몸을 한, 힌두 신화 속의 신을 기려서 원숭이에게 종교적 경의를 표하기 때문에 원숭이들의 해악은 날로 커졌다. 이러한 미신에 힘입어서 원숭이들 상당수가 순례자들의 자발적인 기부로써 부양되었고, 감히 누구도 원숭이들한테 해코지를 한다거나 함부로 다루지 못했다. 그러한 까닭에 이 마을로 들어가는 일은 가끔 쉽지 않았다. 가령 원숭이 한 마리가 어느 재수 없는 여행객을 싫어하기라도 하면 그는 마을

주민들한테서 봉변당하기 일쑤였다. 곧 주민들은 대나무 파편이나 돌멩이, 흙덩이 등 손쉽게 구할 수 있는 온갖 잡동사니를 갖고 다니면서 그에게 집어던졌다. 또 몹시 소름끼치는 괴성을 질러대며 그를 쫓아다녔다. 앞서 언급한 것처럼, 예상 밖의 일로 해서 저 적대자들과 부닥치게 되는 위험 중에서 다음과 같은 참남한 사건도 있었다. 한번은 벵골 부대 소속의 젊은 기병장교 두 사람이 이 숲을 지나게 되었다. 그런데 한 떼거리의 원숭이들이 덤벼들자 그중 한 명이 본의 아니게 총을 쏘게 되었다. 그 총소리에 잔뜩 화가 치솟은 힌두교도들이 무더기로 몰려들었다. 기병장교들은 코끼리를 타고 있었다. 하지만 어쩔 수 없이 걸음아 나 살려라 도망쳐야 했고, 줌나 강을 건너가려 애쓰다가 그만 둘 다 죽고 말았다.

자비로운 카나리아

불운하게도 황금방울새 한 쌍이 사로잡혀서 그 새끼들과 둥우리가 한꺼번에 모두 큰 새장으로 옮겨지게 되었다. 그런데 새장엔 이미 카나리아 한 쌍과 그 새끼들이 살고 있었다. 그래서 철망을 사이에 두고 두 가족은 나뉘었다. 처음에 황금방울새 부부는 제 새끼들을 돌보지 않았다. 하지만 카나리아 수컷은 황금방울새 새끼들의 울음소리에 연민을 느꼈는지 철망 틈새로 그 새끼들에게 먹이를 주기 시작했다. 이런 일이 하루도 거르지 않고 줄곧 이어졌다. 그러자 황금방울새 부부가 그 일을 떠맡게 되었고 카나리아의 자선 행위는 더 이상 필요치 않게 되었다.

84

마차꾼의 개

장이 서는 거리로 가던 마차꾼이 자기 볼일로 도로변에 몇 집을 들르게 되었다. 그래서 이륜짐마차와 말을 어느 승객과 자신의 충직한 개한테 잠시 봐달라고 맡겨놓고 자리를 떴다. 이윽고 그가 돌아와 보니, 짐마차 끄트머리에 매어놓았던 예비용 말 한 마리— 이웃사람 소유의— 와 여자 승객들 중에 한 명이 보이지 않았다. 어찌된 일인지 물어보자, 마차꾼이 자리를 비운 사이에 말의 근성을 시험해보고 싶었던 그 여자 승객이 말에 올라타서 전속력으로 몰아갔다는 것이었다. 마차꾼 얼굴엔 젊은 여자의 안전을 걱정하는 모습이 역력했다. 또 이와 동시에 개를 향해서 의미심장한 표정을 지었다. 그러자 제 주인의 눈빛을 보고 그 의미를 알아차린 개는 곧바로 말을 찾으러 달려갔다. 마침내 말을 따라잡은 개는 풀쩍 뛰어올라 고삐를 물고는 말을 멈춰 세웠다. 몇몇 사람이 이 상황을 목격하고 여자를 위험한 처지에서 구하기 위해 달려왔다. 사람들이 이제는 고삐를 놓아도 괜찮다고 타일러도 개는 한사코 고삐를 입에 문 채 말을 끌고 마구간으로 들어갔다. 그때 마차꾼이 도착했다. 마차꾼이 마구간 안으로 들어오고 그제야 만족한다는 표시로 개는 꼬리를 흔들며 곧바로 제 주인한테 고삐를 넘겨주었다.

85

까마귀 떼의 동료애

어느 강기슭 숲에서 오랜 세월 까마귀 떼가 큰 무리를 이루며 살았다. 어느 고요한 저녁 한가로운 까마귀들은 하늘의 끝없는 미로를 따라 서로들 쫓고 쫓으며 즐겁게 놀고 있었다. 까마귀 떼가 날면 공중엔 불협화음의 온갖 소음으로 넘쳐났다. 이러한 즐거운 놀이 중에, 불운하게도 한 까마귀가 급작스레 방향을 틀다가 부리로 다른 까마귀의 날개를 치게 되었다. 그 다친 까마귀는 곧바로 강물로 떨어졌다. 침통한 비명이 잇따라 터져 나왔다. 까마귀들은 고통스러워하는 동료 위를 맴돌며 다들 걱정을 드러냈다. 다친 까마귀는 제 동료들의 위로와, 그들끼리

통하는 조언의 말에서 힘을 얻었는지 공중으로 힘껏 솟구치며 안간힘을 다해서 간신히 강물 밖으로 툭 튀어나온 바위 가장자리에 닿을 수 있었다. 까마귀들은 모두 아주 기뻐했다. 하지만 맙소사! 환호성은 순식간에 통곡으로 바뀌었다. 부상을 입은 까마귀가 제 둥지 쪽으로 날아오르려 시도하다가 그만, 다시 물속으로 빠져 모든 친구들이 슬퍼하는 가운데 익사하고 말았다.

여우 사냥

여우 사냥 중에 있었던 일이었다. 너무나 궁지에 몰린 여우가 어쩔 수 없이 어느 집 굴뚝 안으로 피신했다. 사냥개 한 마리가 뒤쫓아 따라 들어가서 1.5미터 길이의 연기 통로를 거슬러 올라 굴뚝 꼭대기로 나왔다. 그런데 사냥개는 그 어두컴컴한 통로 벽의 움푹 들어간 곳에 몸을 숨겼던 여우를 미처 못 보고 지나쳤었다. 뭇 사람들이 굴뚝 꼭대기 쪽으로 모여들었고, 누가 테리어개 한 마리를 굴뚝 아래로 내려보내자 그 개는 곧 여우 꼬리를 단단히 입에 물고 나타났다.

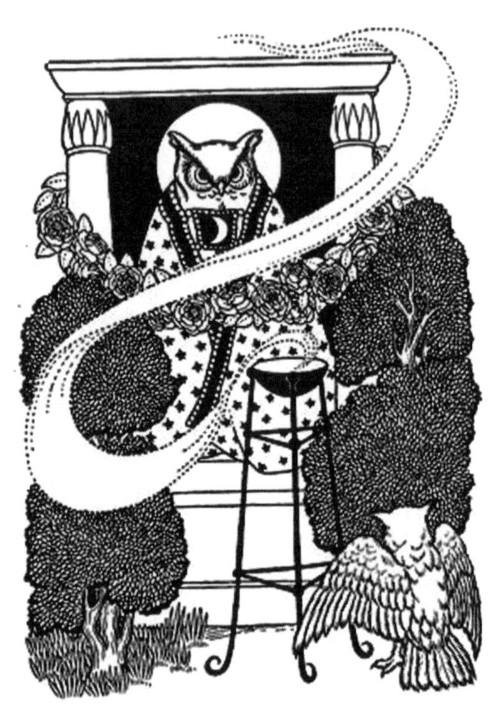

87

칭기즈 칸의 탈출

몽골족 사람들은 자신들 제국을 세운 칭기즈 칸의 생명을 구한 은인으로 흰 올빼미를 기린다. 이런 연유로써 이 새에게 거의 신적인 경의를 표한다. 칭기즈 칸이 작은 군대를 거느렸을 때, 적들에게 불의의 습격을 당해 도망치게 된 적이 있었다. 그때 칭기즈 칸은 숲속에서 은신처를 찾아야만 하는 처지였다. 그런데 올빼미 한 마리가 날아와서 칭기즈 칸이 몸을 숨긴 덤불 위에 내려앉았다. 그를 추적하던 적들은 올빼미를 보고, 사람이 숨어 있는 곳에 이러한 새가 앉아 있을 리 만무하다고 여기고 그 장소를 뒤져볼 생각을 하지 못했다. 마침내 칭기즈 칸은 무사히 탈출했다. 그 뒤로 몽골 사람들은 흰 올빼미를 신성시하고 사람들은 모두 제 머리에 이 새의 깃털 장식을 달았다. 오늘날에도 몽골족은 이 풍습을 이어가고 있다. 또 몇몇 부족은 올빼미의 진짜 다리를 달아 놓은, 올빼미 형상의 우상을 섬긴다.

다람쥐의 피난

운수 사납게도 다람쥐 한 마리가 사로잡혔다. 그 다람쥐는 안전한 보호를 위해 쥐 생포용 우리에 가둬지게 되었다. 이 우리에서 몇 주간 갇혀 지내던 다람쥐는, 자유를 갈망하다가가, 이윽고 가까스로 탈출에 성공해서 또다시 원래 살던 들판으로 돌아갔다. 그 다람쥐한테서 큰 즐거움을 얻었던 가족들은 이 작은 애완동물이 없어지자 적잖은 상실감을 맛보아야 했다. 그래서 더는 다람쥐의 부재를 상기하고 싶지 않은 가족들은 그날 저녁 하인에게 저 우리를 치우라고 시켰다. 그런데 하인이 지시 받은 대로 일하려고 하는데, 놀라운 일이 벌어졌다. 폭풍을 맞아

온통 다 젖고 털이 마구 헝클어진 채로 다람쥐가 다시 나타나서, 제가 살던 우리의 한쪽 자리로 되돌아가는 것이 아닌가.

어떤 앙갚음

한 농부가 야생 황새를 잡아와서, 먼저 길들인 황새와 친구로 맺어주기 위해 울타리에 넣었다. 그런데 이곳에서 오래 지냈던 황새가 낯선 경쟁자를 싫어했는지 야생 황새를 인정사정없이 쪼아댔다. 야생 황새는 억지로 날아올라서 간신히 탈출할 수 있었다. 이윽고 넉 달이 흘러, 상처에서 회복된 야생 황새는 다른 황새 세 마리와 함께 그 울타리로 돌아왔다. 이 황새들은 내려앉자마자 다 같이 공격해서 저 길든 황새를 죽여버렸다.

특출한 신문배달원

어느 신문배달원이 몸이 안 좋아 그의 아들이 대신 일하게 되었다. 하지만 아들은 신문을 배달해야 하는 구독자의 집이 어디인지 알지 못해서, 평소에 아버지와 함께 다녔던 개를 안내자 삼아 데리고 갔다. 개는 소년보다 앞서서 종종걸음 치며, 한 곳도 빼먹거나 실수하는 일 없이 신문이 놓였던 집마다 멈춰 섰다.

91

새끼 곰들

새끼 두 마리를 거느린 암곰이 포경선 가까이 접근했다가 총에 맞았다. 미처 도망치지 못한 새끼 곰들은 사로잡히게 되었다. 이 새끼 곰들은 처음엔 확실히 아주 불행했었지만, 이윽고 그들이 처한 상황에 얼마큼 적응하게 되었고, 제법 길도 들어서, 가끔씩 갑판을 돌아다닐 수 있었다. 그들이 생포되고 나서 며칠 뒤 배는 빙원에 정박 중이었는데, 새끼 곰 한 마리가 목에 밧줄이 감겨진 채 배 밖으로 떨어졌다. 그 새끼 곰은 곧바로 헤엄을 쳐서 빙판 위로 기어올라 물에서 빠져나오려고 했다. 하지만 여전히 밧줄에 매여 있는 상태임을 깨닫고는, 다음과 같은 영특한 방법으로 밧줄을 풀어버리려고 시도했다. 빙원 가장자리 쪽 근처에 상당히 길게 갈라진 틈이 있었는데, 그 틈은 한 50센티미터쯤 되는 폭에 깊이는 90에서 120센티미터 가량 되었다. 새끼 곰은 그리로 가서, 그 틈을 건너며, 밧줄 고리가 틈 속으로 빠지도록 했다. 그런데 어찌하다 틈에 빠져서 그 갈라진 틈새 양쪽 벽에 두 뒷다리로 버티고 서 있는 처지가 되었다. 그때 머리와 허리를 틈새 앞쪽으로 한껏 숙여서 목에 걸린 밧줄을 앞발로 밀어냈다. 이렇게 몇 분 동안 밧줄을 머리 밖으로 빼내려고 애를 썼다. 그러나 이러한 시도도 헛일이 되고 말자, 새끼 곰은 다시 빙판 위로 올라섰다. 이번에 새끼 곰은 배 반대편 방향으로 신경질적으로 쏜살같이 달려가며 밧줄을 있는 힘껏 잡아당겼다. 그래도 밧줄이 끊어지지 않자 다시 몇 걸음 뒤로 돌아가더니, 또 반대쪽으로 밧줄을 몇 번이고 잡아당겼다. 새끼 곰은 실패를 거듭할 때마다 의미심장한 신음을 내며 이런 식으로 되풀이하여 구속에서 벗어나고자 했다. 그렇지만 마침내 자신의 냉혹한 숙명 앞에 굴복하고는, 빙판 위에 화나고 침통 맞은 얼굴로 드러누웠다.

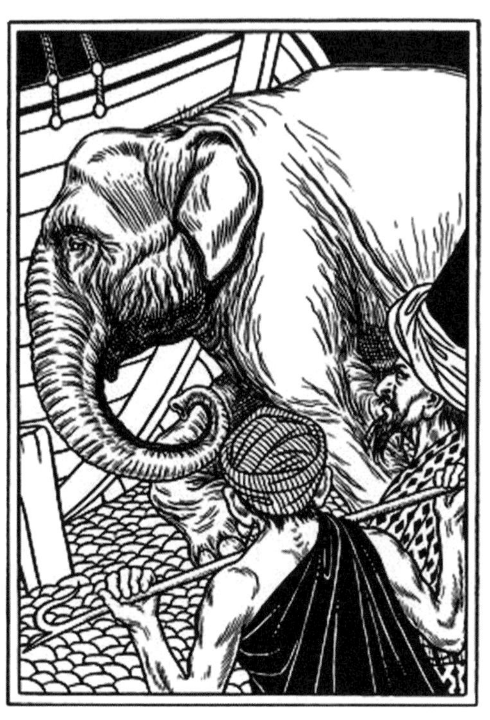

92

대단한 참을성

인도에선 배의 진수 작업에 노련한 코끼리를 부렸다. 그 한 코끼리가 아주 큰 배를 바다에 띄우는데 동원되었다. 그런데 그 일은 코끼리에겐 역부족이었다. 코끼리 주인은 사육사에게 빈정대는 말투로 이 게으른 짐승을 저리 치우고 다른 놈을 데려오라고 시켰다. 그러자 이 가엾은 코끼리는 온 힘을 다해 연거푸 배를 끌어당기다가, 그만 두개골이 부서져서 그 자리에서 즉사했다.

93

토끼 잡으려다 사람 잡겠네

라인 강이 갑자기 불어나서 홍수를 피해 높은 곳으로 갈 수 없었던 한 토끼가 나무 위로 피신했다. 그런데 조난당한 주민을 구하러 보트를 저어 가던 사람들 중에서 어느 한 사람이 저 토끼를 발견하고는, 그 나무 쪽으로 배를 갖다 댔다. 그리고 보트를 단단히 붙들어 매놓지도 않은 채 나무를 타고 올라가서 사냥감을 잡으려고 했다. 그 남자가 다가오자 잔뜩 겁에 질린 토끼는 나뭇가지에서 보트로 풀쩍 뛰어내렸고, 그 바람에 보트는 두둥실 떠내려갔다. 그 남자는 나무 위에 남겨지게 되어 급류에 휩쓸리지나 않을까 두려워해야 했다. 이렇게 몇 시간 동안 벌벌 떨고 있는 그를 동료 몇 사람이 찾아내어 구조해줬다.

94

메추라기의 꾀

주인을 따라 사냥에 나선 애송이 포인터개가 메추라기 새끼들을 덮쳤다. 이때 어미 새가 개의 바로 코앞으로 날아와선 시끄럽게 소리치고 날개를 푸드덕거렸다. 또 바들바들 몸을 떨어대며 잡힐 듯 조금씩 도망치면서 개를 꽤 멀리까지 유인해 갔다. 그러다가 풀쩍 날아올라 멀찍이 달아났다. 그러자 개는 메추라기 새끼들이 숨어 있는 수풀로 되돌아갔다. 이 모습을 지켜본 어미 새는 재차 먼젓번처럼 개의 바로 코앞까지 날아와선, 이번엔 이리 구르고 저리 공중제비를 돌면서 개의 관심을 제 새끼들로부터 딴 데로 돌렸다. 이렇게 하여 어미는 제 새끼들을 무사히 보호할 수 있었다.

95

옛 버릇

어느 유명한 스코틀랜드 변호사가 런던에 갈 일이 생겼다. 이때는 기차가 없었던 시절이라, 그는 역마차를 이용하기보다는 자기가 직접 말을 몰고 가기로 결정했다. 그래서 출발하기에 앞서 말 한 필을 샀고, 런던에 도착해서는 다들 그렇게 하듯이 돌아갈 때 다른 말을 사기로 마음먹고 타고 온 말을 팔아버렸다. 이윽고 변호사가 볼일을 다 마쳤을 때, 그는 집으로 떠나기로 작정하고 스미스필드로 가서 말을 구입하고자 했다. 땅거미가 질 무렵, 어떤 잘 생긴 말 한 마리가 아주 싼값에 내놓아져서 변호사는 혹시 이 말에게 어디 미심쩍은 구석이 있지 않을까 의심했다. 하지만 아무런 흠도 찾을 수 없어 그 말을 사게 되었다. 이튿날 아침 변호사는 여행을 떠났다. 처음 몇 킬로미터는 꽤 북적거리는 도로 위도 말이 잘 달렸기에, 그는 이 말을 산 자기 행운을 만끽했다. 그런데 핀츨리 코몬에 왔을 때 변호사는 말 한 필이 끄는 이륜마차를 타고 가는 한 목사와 만나게 되었다. 거기에 그들 말고 아무도 눈에 띄는 사람은 없었다. 그러자 변호사가 탄 말은 뜬금없는 돌발 행동으로 제 전 주인의 직업이 무엇이었는지 확실히 알게 해주었다. 그 말은 이륜마차를 지나쳐 가지 않고, 자기 주인이 제 직업을 행사할 절호의 기회를 잡으리라 생각하고는 그쪽으로 바짝 다가가 쿵 하고 부딪치며 멈춰 세웠다. 목사도 잘못 오해하여 요구받지도 않은 지갑을 꺼내 보이며, 그저 망연히 놀란 채로 있는 변호사에게 권총을 뽑을 필요까진 없다고 안심시켰다. 변호사는 말을 다잡으며, 본의 아니게 놀래게 한 목사에게 사과했다. 그런 다음 여행을 계속했다. 그런데 말이 다시 또 어떤 사륜마차를 향해 먼젓번처럼 미심쩍은 행동을 취하며 접근했다. 그러자 사륜마차 창문에서 총부리를 겨누며, 말과 행동에 아무런 거리낌 만한 구석이 없는 변호사한테 죽여 버리겠다고 위협을 가해 왔다. 요컨대, 자기 말의 꺼림칙한 행동이 불러일으킨 의심 탓에 한두 번 생명의 위험을 받고 나서, 또 자기를 악명 높은 노상강도로 오해한 보안관들에게서 어쩌다 자유를 빼앗길 뻔했던 변호사는, 헐값에라도 이 말을 처분하고 비싼 돈을 주더라도, 겉모습보다는 행실이 반듯한 말을 사야겠다고 생각했다.

96

호기심 많은 고양이

거실 난로 앞 카펫에, 가족들이 빙 둘러앉는 그 자리에 이따금 와서 응석을 부리곤 했던 어린 고양이가 있었다. 하루는 이 고양이가 가족 가운데 한 명이 물레바퀴를 돌리고 있을 때 들어오게 되었다. 전에는 이러한 물건을 본 적이 없었기에 고양이는 물레의 생김새와 움직임에 무척 놀라, 겁을 집어먹고 웅크린 자세로 뭔지 알아보려고 했다. 만약 물레가 살아 있다거나 적으로 판명되면 잽싸게 달아날 수 있도록 얼마큼 거리를 유지했다. 고양이는 물레에 눈을 떼지 않은 채 살금살금 다가가며 줄곧 이상야릇한 표정을 지었다. 그러다가 마침내 고양이는 여전히 의심을 풀지 못하고서 문 쪽으로 물러났다. 그리고 문이 열리기만 초조하게 기다렸다가 문이 열리자마자 부랴부랴 꽁무니를 내뺐다. 다음날 고양이가 그 거실로 들어왔을 때, 물레는 움직이지 않고 그대로 가만히 있었다. 고양이는 용감하게 그 앞으로 다가간 뒤, 꼼꼼히 살펴보고 나서 그 주위를 이곳저곳 돌아다녔다. 또 이 물레에 정말 염려할 만한 뭔가가 있는지 더욱이 앞발로 확인해보는 실험을 감행했다. 이렇게 해도 저렇게 해도 아무런 반응도 없자, 고양이는 두려워할 것이 없다는 사실에 만족하면서 난로 곁에 조용히 앉았다. 그리고 나중에 물레바퀴가 움직이는 모습을 봤을 때는, 그 앞으로 호기롭게 달려가서 전에는 공포의 대상이었던 물레를 가지고 놀며 승리의 기쁨을 만끽했다.

97

난파당한 당나귀

한 당나귀— 몰타 섬의 어느 영국해군 대령이 주인인— 가 범선 군함에 실려 스페인 남단의 항구 도시인 지브롤터에서 몰타 섬으로 가고 있었다. 그런데 그 배가 암초에 걸려 모래펄에 좌초하게 되었고, 당나귀는 육지까지 무사히 헤엄쳐 갈 수 있으리라는 바람으로 바다로 던져졌다. 하지만 파도가 너무 높이 몰아쳤고, 군함을 떠난 보트도 난파당했기 때문에 당나귀가 살아 있을 가능성은 거의 희박한 듯했다. 며칠이 지나서, 아침에 지브롤터의 성문이 열릴 때 문지기는 발리언트란 이름으로 불리는 그 당나귀가

안으로 들어가는 모습을 보고 깜짝 놀랐다. 당나귀는 성에 들어서자, 곧장 자기가 원래 살았던 상인의 마구간으로 내처 달려갔다. 이 가엾은 짐승은 해변까지 안전하게 헤엄쳐 왔을 뿐만 아니라, 어떤 안내자도, 나침반도, 여행지도도 없이 난파된 곳에서부터 지브롤터까지 300킬로미터도 훨씬 넘는 거리를, 복잡한 산악지역을 넘고, 강들을 건너서, 그 초행길을 그토록 단시간에 한 치의 어긋남도 없이 제대로 찾아왔던 것이다.

98

가치 있는 삶을 살았고 가치 있게 생을 마친 동물들에게 바치는 영광

아테네 사람들은 헤카톰페돈이란 이름의 사원을 완성한 뒤, 이 공사에 주로 부렸던, 짐 나르는 짐승들을 목초지에 자유롭게 풀어놓아 마음껏 풀을 뜯게 하고 더는 일하지 않게 해주었다. 소문에 따르면 나중에 그중 한 마리가 누가 시키지도 않았는데도 다시 일하러, 짐 나르는 짐승들을 이끌고 앞장서서 성으로 행진해왔다고 한다. 사람들은 이러한 자발적인 행동에 기뻐하며 그 동물을 죽을 때까지 공적 부양으로 보살펴줘야 한다고 정했다. 한편 많은 사람들은 자기들이 소중히 기르고 좋아했던 동물들을 장례 치르는 문제에 대해서도 각별한 관심을 드러내기도 했다. 올림픽 경기에서 세 번이나 우승했던 키몬의 말 분묘들은 지금도 키몬 그 자신의 무덤 가까이에 있다. 또 아테네인들이 자기들의 도시를 포기해야 했을 때, 살라미스 섬으로 가는 군함을 따라 헤엄쳐 왔던 개를, 나중에 그 주인인 크산티포스가 바다 쪽으로 뻗어 있는 육지 끝자락 위에 성대하게 장례를 치러줬는데, 그 장소는 오늘날까지 '개 무덤'이란 이름으로 불리고 있다. 플리니우스 박물지는, 클라우디우스 황제 치하 시절에 열렸던 어떤 훌륭한 장례식을 흥미롭게 소개하고 있다. 그 장례를 치렀던 유명한 고인은 다름 아닌 어느 까마귀였다. 이 까마귀는 재주와 솜씨가 아주 뛰어나서 공공 재산으로 여겨질 정도였다. 그래서 이 까마귀의 죽음은 국가적 상실로 받아들여져서, 이 새를 죽인 사람은 자기 생명으로 죗값을 치르도록 판결 받았다. 마땅히 그 새를 애도하는 방법으로 국가적인 장례가 거행되었다. 까마귀 유해가 놓인 상여를 노예 두 명이 지고, 음악가들이 그 앞에 서서 애처로운 가락을 연주하며, 이 애도 행렬을 각양각층의 수많은 사람들이 뒤따랐다.

99

구조된 아이

한번은 어느 양치기가 양떼를 치러 나가면서, 자식들 중에 세 살짜리 아이를 함께 데리고 갔다. 개를 동반하고 목초지를 한동안 돌아다닌 끝에, 양치기는 보다 탁 트인 시야를 얻으려면 얼마쯤 떨어진 산꼭대기로 올라가봐야 할 듯싶었다. 어린아이한테 산 오르는 일은 몹시 벅찼기 때문에, 양치기는 아이를 작은 평지에 남겨두고 떠나며 자기가 돌아올 때까지 결코 그곳을 벗어나지 말도록 신신당부했다. 그런데 양치기가 정상에 오르자마자, 지평선은 한치 앞을 내다볼 수 없을 만치 짙은 안개로 자욱했다. 걱정이 앞선 양치기는 곧바로 아이를 찾기 위해 서둘러 산을 내려왔다. 하지만 유달리 심한 안개 탓에, 그만 길을 잃고 말았다. 아이를 찾아 헛되이 몇 시간을 헤매다닌 끝에, 양치기는 자기가 제 집에서 그다지 멀지 않은 계곡 아래에 와 있다는 사실을 알게 되었다. 이 밤에 또 아이를 찾아나서는 일은 위험하기도 하고 헛고생만 될 뿐이었다. 그래서 양치기는 아이와 몇 년간 자기를 충직하게 따랐던 개를 잃어버렸지만, 어쩔 수 없이 집으로 돌아가야 했다. 이튿날 아침, 동이 트자 양치기는 한 무리의 이웃들과 더불어 아이를 찾아 나섰다. 그렇지만 종일토록 찾아다니다가 지쳐버린 양치기는 낙담하여 집으로 돌아올 수밖에 없었다. 그런데 집에 와 보니 어제 잃어버렸던 개가 집에 돌아와 있었다. 개에게 빵 한 조각을 주자 개는 그것을 받자마자 곧 사라져버렸다. 이후에도 양치기는 몇 날 며칠을 줄곧 아이를 찾아다녔고, 그리고 저녁에 집에 돌아오면 어김없이 개가 와 있었는데, 개는 제 몫의 빵을 얻는 즉시 어딘가로 사라졌다. 이러한 일을 심상치 않게 생각한 양치기는 하루는 아이를 찾아 나서지 않고 집에 머물렀다. 개가 여느 때처럼 빵 한 조각을 입에 물고 떠나가자 양치기는 개를 뒤쫓아 가서 이 괴이한 일의 전말을 알아보기로 마음먹었다. 개는 양치기가 아이를 남겨 두었던 그 장소에서 얼마 떨어지지 않은 폭포 쪽으로 이동했다. 그리고 조금도 머뭇거리지 않고 울퉁불퉁하고 거의 수직으로 깎아지른 듯한 절벽을 내려가더니, 급류와 얼추 같은 높이로 입구가 나 있는 어떤 동굴 속으로 사라졌다. 양치기가 애를 먹으면서 가까스로 동굴에 들어서자, 그 안에서 뭐라 말로 표현할 수 없는 놀라운 광경이 벌어졌다. 개가 방금 가져온 빵을 제 아이가 아주 흡족하게 먹고 있는 동안, 또 충직한 개는 그 곁에 서서 아주 흐뭇하게 아이를 지켜보고 있지 않은가! 아이는 절벽 가장자리까지 헤매 다니다가, 그만 굴러 떨어져서 기다시피 하여 이 동굴에 이른 모양이었다. 개는 아이의 흔적을 더듬어 여기로 찾아온 것이었다. 그리고 제 몫의 음식을 포기하면서까지 아이가 굶어 죽지 않게끔 했다. 전속력을 다해 집과 동굴을 오가며 음식을 가져오는 때를 빼놓고는 밤이나 낮이나 아이 곁을 결코 떠나지 않았던 것이다.